JN188726

あなたの予想と馬券を変える
革命競馬

これでフルスイング！

リンク馬券術

伊藤雨氷

リンク理論とは何か――初めて読まれる方のために

第1章｜メインレースに大波乱を呼ぶ　グランプリ・ジョッキー 戸崎圭太の法則

第2章｜2025年高松宮記念〜スプリンターズS GI【連対馬】的中予言

装丁 ●橋元浩明（sowhat.Inc.）　本文 DTP ●オフィスモコナ
馬柱 ●優馬　写真●野呂英成
※名称、所属は一部を除いて 2025 年 2 月 10 日時点のものです。
※成績、配当、日程は必ず主催者発行のものと照合してください。

2025 年は重賞の時期・名称・コース・条件等で多くの変更があります。変更重賞のデータについては、JRAホームページに示された旧重賞のデータを採用しています。
馬券は必ず自己責任において購入お願いいたします。

リンク理論とは何か──初めて読まれる方のために

リンク理論とは、レース名や距離や施行日など、なんらかの共通項を持ったレースの1、2着馬の馬番が、数年〜10年以上に渡って例外なく連動している現象を解き明かした理論だ。『リンク馬券術』は、そのリンク理論を使った馬券作戦を紹介するものである。

何やら難しい話のように思うかもしれないが、本書で紹介する必勝法は、基本となる使用方法さえ理解すれば、誰にでも簡単に使える作戦だ。しかも数カ月〜1年後に行なわれるレースの1、2着馬を予告できてしまうスグレモノである。

初心者でも使えるやさしい作戦だが、的中する配当は上級者も唸らせる！　この理論から浮上した馬番を軸にして流せば、読者の的中率は大幅にアップするし、現在ご愛用の作戦から見つけ出した馬を、リンク理論で浮上した馬たちに絡ませてみても、資金回収率は確実に上がる。

今まで出馬表を見た瞬間に切って捨てていた超人気薄も、自信を持って買える。リンク馬券術は、超万馬券も数点で狙い撃ちできるほどの破壊力を持っている。なぜならば、その馬の実力に関係ない次元で、馬番がリンクするからだ。

勘違いをされると困るので念のためにいっておくが、リンク馬券術は万馬券だけを狙う作戦ではない。9990円以下の中穴馬券も着実に的中実績を重ねている。つまり、この必勝法は高配当狙いのものではなく、解析した結果が穴馬を指すのか、人気馬を指すのかというだけなのである。

また本書では触れていないが、メインレースとして行なわれる重賞やオープン特別戦だけではなく、9Rや10Rに組まれる2勝クラス特別や3勝クラス特別にも十分対応できるので、ある程度慣れてきたら、ぜひこちらのほうにもチャレンジしていただきたい。

【逆番】で、より簡単に、よりよく当たるように

　【逆番】について最初に本を書いたのは、平成7年（1995年）の秋のこと。発表した当初は、仲間であるはずのサイン読みウラ読み派からも「わけのわからん作戦」「屁理屈」と中傷され続けた苦い思い出がある。

　これには心臓に毛が生えている（頭の毛は薄い）私でもさすがに堪えたが、数少ない理解者である編集者との出会いにより雑誌連載が叶い、誌上予告や会員向け予想の中で解説、連対馬番予告的中を重ねていくうちに、だんだんと理論の整合性、本命でも超高配当でも的確に馬番予告していくさま、その破壊力について理解されるようになった。

　こうした苦労の末に世に出た【逆番】も、今ではプロ、アマを問わず、多くの方々から《便利なツール》として支持されるようになり、書いた本人としては大変うれしく思っている。

　ただ、一方では20代の新たな競馬ファンには、リンク理論どころか、サイン読みという馬券術が世の中にあることすら知らない方が増えているのも事実。長い年月を重ねているので仕方のないところだろうが、サイン馬券を衰退させないために、後継者となり得る彼らにもこの馬券術を広めていかねばならない。

　そのためには小難しい理屈をこねるよりも、簡単でよく当たり、誰がやっても同じ答えが出せるように、もうひと皮剥く必要がある。これからの課題は、「より簡単にすること」、これに尽きると思う。私の本を読むのはこれが初めてという方は、次項からの基本用語の解説をどうぞ。

リンク理論の基本用語、約束事をマスターしよう！

　ではここで、リンク理論を解説していくうえでの約束事をまとめておこう。【逆番】をはじめとする用語の説明もしてある。作戦の使い方で迷ったときは、ここを開いていただきたい。

正　番…【正番】とは、1号馬からプラス方向（左へ）順に数えた数字を指す。いわゆる馬番のこと。

逆　番…【逆番】とは、大外馬からマイナス方向（右へ）順に数えた数字を指す。【正番】の反対数字。

正循環…正循環とは、【正番】の2周目以降の数字を指す。1号馬から数え大外に行き当たったら、再度1号馬へ戻ってプラス方向へ数え続けること。

逆循環…逆循環とは、【逆番】の2周目以降の数字を指す。正循環の反対数字。大外馬から数え1号馬に行き当たったら、再度大外馬に戻ってマイナス方向へ数えること。

　下の2024年の有馬記念を例に取ると、1着の⑧レガレイラは【正8番】【正24番】【逆9番】【逆25番】に該当し、2着⑯シャフリヤールは【正16番】【正32番】【逆1番】【逆17番】に該当する。

16	15	14	13	12	11	10	9	8	7	6	5	4	3	2	1	←[正　番]
32	31	30	29	28	27	26	25	24	23	22	21	20	19	18	17	←[正循環]
[逆　番]→ 1	2	3	4	5	6	7	8	9	10	11	12	13	14	15	16	
[逆循環]→ 17	18	19	20	21	22	23	24	25	26	27	28	29	30	31	32	

その他、私の元に寄せられる質問に対し、まとめて答えておこう。

Q：取り消し馬は削って数えるのか？

A：リンク理論では、出馬表に載った馬は、取り消し、発走除外などになっても、一切削らずに数えることとしている。

Q：取り消し馬の着順は？

A：取り消し、除外馬はビリとして扱うこと。もし同一レースで複数の取り消しが発生したときは、最も取り消し時刻の早いものをビリ馬とし、2番目をブービーとする。

Q：降着馬の着順は？

A：降着馬は入線順位ではなく、確定した着順を使う。

Q：落馬の着順は？

A：落馬もビリ扱いで構わない。もし同一レースで複数の落馬が発生したときは、五十音順位の後位の馬をビリとする。

Q：取り消し、除外、落馬が同じレースで起きたらどうすればよいか？

A：例えば9頭立てのレースで、以下のようなケースがあったとする。ちなみにレース結果は1着⑦番、2着②番、3着⑨番だった。

　⑤番馬が前日に取り消し

　⑥番馬が当日の朝に取り消し

　③番馬が直前に発走除外

　⑦番馬が外枠発走

　①番馬と⑧番馬が相次いで落馬（⑧番馬よりも①番馬が五十音上位馬）

　④番馬が斜行、1位入線後に4着降着

　メチャメチャなレースだが、この場合、⑦番馬は外枠発走以外に何も問題がないからそのまま1着。②番と⑨番も掲示板通りでいい。

　1着⑦番　2着②番　3着⑨番

そして4着以下が問題となる。

　4着④番　5着①番　6着⑧番　7着③番

　8着⑥番（ブービー）　9着⑤番（ビリ）

以上のように扱っていただきたい。

第1章————————

メインレースに大波乱を呼ぶ

グランプリ・ジョッキー

戸崎圭太の法則

「戸崎の法則」と「正逆12番」が火を噴いた京成杯

　いつもなら、ここのページには有馬記念やホープフルSの回顧、それに前回のGIシーズンの反省などを書いている。今回もそれで書き進めていたのだが、それよりも大切なことを皆さんにお伝えするために、あわてて書き直すことにした。

　正月気分も抜けたフェアリーSの頃、優秀なスタッフ陣の中のひとりから「戸崎騎手が、エライことになっていますよ！」と連絡が入った。

　2024年は騎手絡みの事件やスマホ引退が続いたので、また何かあったのかとも思ったが……そうではなくて、戸崎騎手が11R（メインレース）で「1着指名のサイン」を出し続けているというのだ。

　詳しく聞いてみると、戸崎騎手がレガレイラで勝った有馬記念を契機に、彼が11Rに乗るだけで1着馬がわかるという。

　そのときのデータがこちら。

● 11Rに戸崎騎手が騎乗すると、自身か、その±12馬が1着する

有馬記念	自身レガレイラ	1着
ホープフルS	－12馬クロワデュノール	1着
中山金杯	自身＋12馬アルナシーム	1着
サンライズS	自身ステークホルダー	1着
迎春S	自身ホーエリート	1着
フェアリーS	自身エリカエクスプレス	1着
シンザン記念	－12馬リラエンブレム	1着
カーバンクルS	－12馬エイシンフェンサー	1着
京成杯	－12馬ニシノエージェント	1着

※エイシンフェンサー、ニシノエージェントはともに11番人気

9連チャンで見事に1着が並んだ。1年に一度見つかるかどうかの秀逸パターンだ。

　そして、もうひとつ。これも見逃せない。

●東西金杯からは、戸崎騎乗の11Rは正逆12番が連対中

中山金杯	逆12番マイネルモーント	2着
サンライズS	正12番ステークホルダー	1着
迎春S	逆12番アドマイヤサジー	2着
フェアリーS	正12番エリカエクスプレス	1着
シンザン記念	逆12番リラエンブレム	1着
カーバンクルS	逆12番ミッキーハーモニー	3着
京成杯	正12番ドラゴンブースト	2着
	逆12番ミニトランザット	3着

※京成杯の正12番ドラゴンは7番人気、逆12番ミニは9番人気。

　これもまた素晴らしいパターンだ。この2つのパターンが絡み合って、同時稼働している。

　私は、シンザン記念での稼働を確認してから、次の土曜（1月18日）のカーバンクルSで会員さんに詳しくお伝えした。

　すると11番人気エイシンフェンサーの単勝4120円や馬連7300円、他に高配当のワイドなど、うれしい的中報告が複数届く。

　これを見て、翌19日の京成杯も、戸崎騎手自身と±12馬と正逆12番も狙うことに。

　戸崎騎手自身は、⑭パーティハーン。

　その±12馬は、②ニシノエージェント、⑫ドラゴンブースト。

　正逆12番は、③ミニトランザット、⑫ドラゴンブースト。

　今回も候補の4頭のうち、戸崎騎手自身のパーティハーン（2番人気）以外は人気がない。

前日のカーバンクルＳが人気薄の１着だし、さすがに今回は戸崎騎手本人かなと考えて、⑭番からの馬単、馬連を厚めに購入。そして②番、③番、⑫番の単勝を少しずつ押さえる。……もしかしたらを期待して、ＷＩＮ５もこの４頭で仕込んでみた。

　──すると、京成杯も大波乱。

②ニシノエージェント１着

⑫ドラゴンブースト２着

③ミニトランザット３着

　単勝4940円、馬連３万5970円、３連複20万馬券。３連単172万馬券。

　１番人気のルメール騎手４着。２番人気の戸崎騎手が５着で、私の馬連、馬単はギャースな結果。

　かろうじてニシノエージェントの単勝を3000円だけ的中で終わり。それでも十分プラスなのだが、なんで４頭のボックスを買わなかったのかと悔やんだ。

　この日のＷＩＮ５は的中者なしで、４億を超えるキャリーオーバー。

　こちらは、京成杯の②番１着は的中、日経新春杯の４番人気ロードデルレイ１着も的中したのに、中山10ＲジャニュアリーＳのジャスパーゴールド（14番人気）だけを外して、これは本当に悔しいＷＩＮ４！

　あれほど、１月中は人気薄でも「ゴールド」「シルバー」馬名は買うようにといっていた自分がこれが買えず、スルリと４億円が逃げていった。

　子供の頃に用水路で大ウナギを見つけてつかみ、バケツに入れる瞬間にニュルンと逃げられ、大泣きしたのを思い出した。

　しかし、レース後には大変多くの方から、お礼や喜びの的中報告が舞い込んだ。やはり、こういうメールは一番うれしい。

　人気薄なので100円単位でしか買わなかったという方も多い中、福岡のＳさんからは３連複を2000円的中とか、宮城のＦさんからも３連単を300円獲れました！　というメールも届いた。

●2025年1月19日・中山11R京成杯（GⅢ、芝2000m）

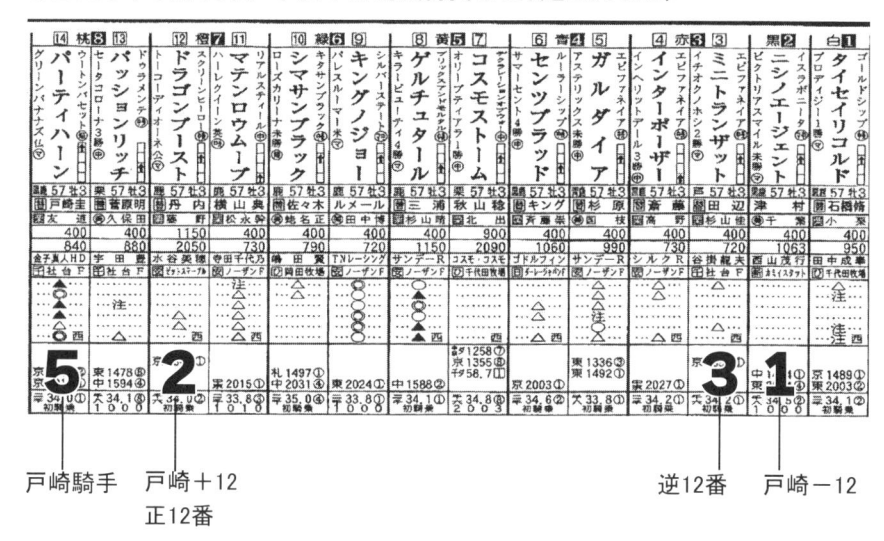

戸崎騎手　戸崎＋12　　　　　　　　　　　　　逆12番　戸崎－12
　　　　　正12番

1着②ニシノエージェント（11番人気）
2着⑫ドラゴンブースト　（7番人気）
3着③ミニトランザット　（9番人気）
単② 4940円　複② 960円　⑫ 490円　③ 980円
馬連②－⑫ 35970円　馬単②→⑫ 77110円
ワイド②－⑫ 7430円　②－③ 9500円　③－⑫ 5490円
3連複②③⑫ 209730円　3連単②→⑫→③ 1727970円

		払戻	
1/19(日) 中山11R	単勝 2	3,000円 ×49.4	148,200円
1/19(日) 中山11R	単勝 12	10,000円 ×17.3	0円
1/19(日) 中山11R	単勝 14	15,000円 ×3.7	0円
1/19(日) 中山11R	ワイド フォーメーション	3,000円 ×6件	672,600円
1/19(日) 中山11R	ワイド ボックス	5,000円 ×1件	0円
1/19(日) 中山11R	ワイド ボックス	5,000円 ×1件	0円
1/19(日) 中山11R	ワイド 1軸流し	1,500円 ×4件	224,850円

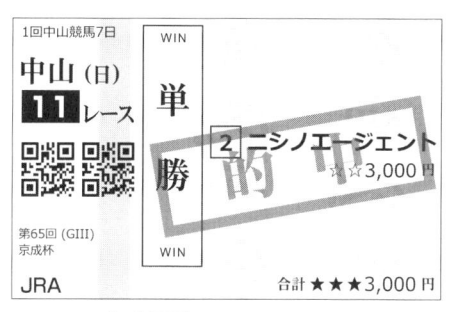

払戻計**104万**5650円！

単勝②ニシノエージェント（11番人気）
49.4倍×3000円的中＝14万8200円。
ワイド②－⑫ 74.3倍、②－③ 95.0倍、
③－⑫ 54.9倍を各3000円的中＝67
万2600円。さらに②からの1頭軸で
ワイド②－③、③－⑫を各1500円的
中＝22万4850円

払戻計**14万**8200円！

②ニシノエージェントの単勝のみ的中
（これは著者・伊藤の馬券）。

ちなみにＦさんはまだ20代の女性で、過去に何度も帯封を的中している凄腕サイン馬券師だ。

　残念ながら今回は的中画像を送ってもらえなかったが、北海道のＴ山さんのご厚意で、合わせ技で京成杯的中画像（合わせ技で100万円超の払戻！）を送っていただいたので掲載する（Ｐ13下の画像）。

　Ｔ山さんも、荒れたカーバンクルＳと連日の大当たりで絶好調。実に素晴ら（ウラヤマ）しい。

　ここで戸崎のサインは終了してしまったが、他にも強いパターンは常にいくつも存在している。

　要は強いものをいかに早く見つけて実馬券に反映できるかで、時間との勝負でもある。

　他にもこの時期に稼働していた強烈パターンを、次項で挙げてみる。これらを参考にして自力でも探してみてほしい。

まだまだあった！年末年始に稼働していた美味しい法則

●重賞は幸英明騎手の－25馬が連対

チャレンジＣ　　　－25馬ディープモンスター　（6）　2着
阪神ＪＦ　　　　　－25馬アルマヴェローチェ　（5）　1着
朝日杯ＦＳ　　　　－25馬アドマイヤズーム　　（5）　2着
有馬記念　　　　　－25馬シャフリヤール　　　（10）　2着
シンザン記念　　　－25馬アルテヴェローチェ　（1）　2着
日経新春杯　　　　－25馬ロードデルレイ　　　（5）　1着
シルクロードＳ－25馬エイシンフェンサー　（9）　1着
※マイナス25だけの1頭指名で連対。（　）が人気。

●重賞はダノン冠名馬の＋39馬が3着以内

●2025年2月2日・京都11RシルクロードS（GⅢ、芝1200m）

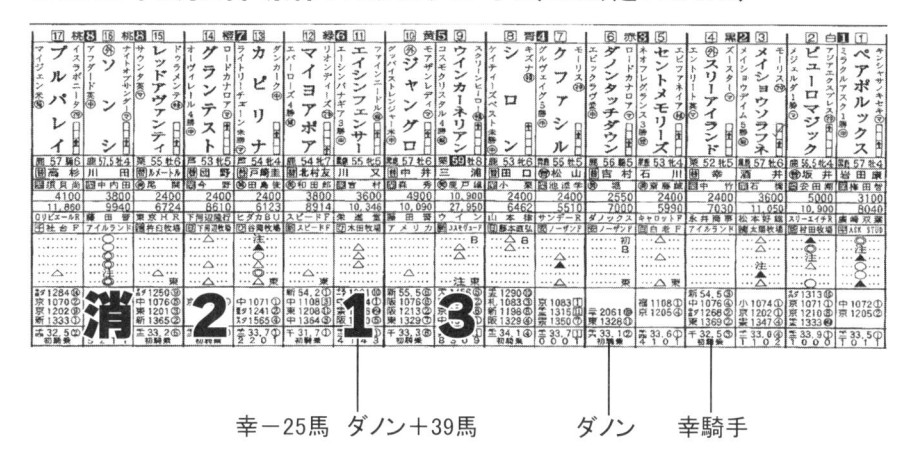

幸－25馬　ダノン＋39馬　　　　　ダノン　　幸騎手

1着⑪エイシンフェンサー　（9番人気）　　　　単⑪ 2740 円　複⑪ 690 円　⑭ 820 円　⑨ 310 円
2着⑭グランテスト　　　　（10 番人気）　　　馬連⑪－⑭ 23090 円　馬単⑪→⑭ 47190 円
3着⑨ウインカーネリアン　（4 番人気）　　　3連複⑨⑪⑭ 40080 円　3連単⑪→⑭→⑨ 325810 円

スワンS	＋39馬トゥラヴェスーラ	（13）	3着
天皇賞（秋）	＋39馬タスティエーラ	（9）	2着
ジャパンC	＋39馬ドゥデュース	（1）	1着
チャレンジC	＋39馬エアファンディタ	（13）	3着
阪神C	＋39馬ナムラクレア	（1）	1着
有馬記念	＋39馬レガレイラ	（5）	1着
AJCC	＋39馬マテンロウレオ	（6）	2着
シルクロードS	＋39馬エイシンフェンサー	（9）	1着

　有馬記念は、この2つのサインで1着、2着をそれぞれ指名。

　そしてシルクロードSは締め切りをとっくに過ぎているが、編集の方に無理をいって加筆させていただいた。

　いかがだろうか、⑪エイシンフェンサーは幸騎手の－25馬で、ダノンタッチダウンの＋39馬が重なって1着。

狙い撃ちができるパターンで、こちらもまた、20人近くの方から的中報告が届いた。

　本書が発売される頃には、サインもすでに別のパターンに変更されているとは思うが、自分で探す参考にしていただきたい。

　とにかく、こういうものは早く見つけたほうが有利なのは間違いない。

　鮮度が命。やはり、時間との勝負だ。

　大勢が見逃しているだけで、常にこのレベルのパターンは稼働しているはず。頑張って見つけた方は、ぜひ巻末のメールまでお送りいただきたい。優秀な方にはお礼のサインと、サイン馬券に特化したサロン「秘密の部屋」の招待状を送ります。

　また、サイン通信事務所では、最新のデータ、パターンを提供しています。興味のある方は巻末の会員案内をご覧ください。

お待ちかね！継続中のGⅠ・重賞サイン

　さて、ここからはいつものように、現在継続中のGⅠを中心としたサイン、パターンを紹介していこう。

●これもディープインパクトの残像か——GⅠは直前GⅠのディープインパクト（DＩ）産駒の馬番か、その隣馬が3着以内（いずれも24年）
・宝塚記念
（前GⅠ）DⅠ産駒⑫番→⑫番ブローザホーン　　1着
・スプリンターズS
（前GⅠ）DⅠ産駒②番→②番トウシンマカオ　　2着
・エリザベス女王杯
（前GⅠ）DⅠ産駒⑪番→⑪番スタニングローズ　1着
・マイルCS
（前GⅠ）DⅠ産駒⑬番→⑬番ソウルラッシュ　　1着

・ジャパンC
（前GⅠ）DⅠ産駒⑧番→⑦番シンエンペラー　　　2着
・チャンピオンズC
（前GⅠ）DⅠ産駒⑧番→⑧番ウィルソンテソーロ　2着
・ホープフルS
（前GⅠ）DⅠ産駒⑪番→⑪番ファウストラーゼン　3着

●ダービー馬ダノンデサイルの指針——ダノンデサイルが出走なら、正逆 265 番が走る。新馬戦からすべて1着か3着を指名

新馬	逆 265 番メティエダール	3着
未勝利	逆 265 番ダノンデサイル自身	1着
京都2歳S	正 265 番サトノシュトラーセ	3着
京成杯	正 265 番コスモブッドレア	3着
皐月賞	正 265 番ジャスティンミラノ	1着
ダービー	正 265 番シンエンペラー	3着
菊花賞	正 265 番アーバンシック	1着
有馬記念	逆 265 番レガレイラ	1着
AJCC	正 265 番コスモキュランダ	3着

※直前取消の皐月賞も含む。

●GⅠは正逆 18 番か 24 番が3着以内（いずれも 24 年）

菊花賞	逆 18 番アドマイヤテラ	3着
天皇賞（秋）	逆 24 番ドウデュース	1着
	正 24 番ホウオウビスケッツ	3着
エリ女王杯	正 18 番ホールネス	3着
	逆 24 番スタニングローズ	1着
マイルCS	逆 18 番エルトンバローズ	2着
ジャパンC	正 24 番ドゥレッツァ	2着

チャンピオC	正 18 番レモンポップ	1 着
	正 24 番ウィルソンテソーロ	2 着
阪神ＪＦ	逆 18 番ビップデイジー	2 着
朝日杯ＦＳ	正 18 番アドマイヤズーム	1 着
有馬記念	正 24 番レガレイラ	1 着
ホープフルＳ	正 24 番クロワデュノール	1 着

●開催8日目のＧⅠは正逆 24 番が3着以内（いずれも 24 年）

・フェブラリーＳ

   正 24 番セキフウ　　　　　　3 着

   逆 24 番ペプチドナイル　　　1 着

・皐月賞

   逆 24 番ジャスティンミラノ　1 着

・ヴィクトリアＭ

   正 24 番テンハッピーローズ　1 着

・宝塚記念

   逆 24 番ベラジオオペラ　　　3 着

・天皇賞（秋）

   正 24 番ホウオウビスケッツ　3 着

   逆 24 番ドウデュース　　　　1 着

・ジャパンＣ

   正 24 番ドゥレッツァ　　　　2 着

・有馬記念

   正 24 番レガレイラ　　　　　1 着

※ジャパンＣは2着同着。

●～記念ＧⅠは、正逆 64 番が3着以内（23 ～ 24 年）

宝塚記念　　　逆 64 番イクイノックス　　　1 着

有馬記念	正64番スターズオンアース	2着
高松宮記念	正64番ビクターザウィナー	3着
安田記念	正64番ソウルラッシュ	3着
宝塚記念	正64番ブローザホーン	1着
有馬記念	正64番シャフリヤール	2着
	逆64番ダノンデサイル	3着

●〜記念ＧⅠは正逆1番か9番が3着以内（22〜24年）

高松宮記念	正9番ロータスランド	2着
	逆9番キルロード	3着
安田記念	正9番シュネルマイスター	2着
宝塚記念	逆9番ヒシイグアス	2着
有馬記念	正9番イクイノックス	1着
高松宮記念	正1番トゥラヴェスーラ	3着
安田記念	逆1番ソングライン	1着
宝塚記念	正9番ジャスティンパレス	3着
有馬記念	逆1番スターズオンアース	2着
高松宮記念	逆9番ビクターザウィナー	3着
安田記念	逆9番ソウルラッシュ	3着
宝塚記念	正9番ソールオリエンス	2着
有馬記念	正1番ダノンデザイル	3着

●中山ＧⅠは正逆13番か16番が3着以内（23〜24年）

スプリンターズS	逆16番ナムラクレア	3着
中山大障害	逆16番ニシノデイジー	2着
有馬記念	正16番スターズオンアース	2着
ホープフルS	正13番レガレイラ	1着
中山ＧＪ	正13番ジューンベロシティ	2着

皐月賞	正 13 番ジャスティンミラノ	1 着
スプリンターズ S	正 13 番ルガル	1 着
中山大障害	正 13 番ネビーイーム	3 着
有馬記念	正 16 番シャフリヤール	2 着
ホープフル S	逆 13 番クロワデュノール	1 着

●芝 G I は C・ルメール騎手の隣枠が 3 着以内（いずれも 24 年）

マイル C S	隣枠エルトンバローズ	2 着
ジャパン C	隣枠シンエンペラー	2 着
阪神 J F	隣枠アルマヴェローチェ	1 着
朝日杯 F S	隣枠ミュージアムマイル	2 着
有馬記念	隣枠ダノンデサイル	3 着
ホープフル S	隣枠ジョバンニ	2 着

●木曜日枠順発表 G I は正逆 12 番か 24 番が 3 着以内（23 ～ 24 年）

チャンピオ C	逆 24 番 ウィルソンテソーロ	2 着
有馬記念	逆 12 番ドウデュース	1 着
桜花賞	正 12 番ステレンボッシュ	1 着
皐月賞	逆 24 番ジャスティンミラノ	1 着
天皇賞（春）	正 24 番ディープボンド	3 着
オークス	正 12 番チェルヴィニア	1 着
ダービー	逆 24 番シンエンペラー	3 着
宝塚記念	正 12 番 ブローザホーン	1 着
菊花賞	逆 24 番 アーバンシック	1 着
天皇賞（秋）	逆 24 番ドウデュース	1 着
ジャパン C	逆 12 番ドウデュース	1 着
チャンピオ C	正 24 番 ウィルソンテソーロ	2 着
有馬記念	正 24 番レガレイラ	1 着

●関西ＧＩは正逆2番か5番が3着以内（いずれも 24 年）

天皇賞（春）	逆5番テーオーロイヤル	1着
宝塚記念	逆2番ブローザホーン	1着
秋華賞	正5番チェルヴィニア	1着
菊花賞	逆2番アドマイヤテラ	3着
エリ女王杯	逆2番 ラヴェル	2着
マイルＣＳ	逆5番 ソウルラッシュ	1着
チャンピオＣ	正2番レモンポップ	1着
阪神ＪＦ	正2番テリオステラ	3着
朝日杯ＦＳ	正2番アドマイヤズーム	1着

●マイルＧＩは正逆7番か 13 番が3着以内（23 ～ 24 年）

阪神ＪＦ	正 07 番アスコリピチェーノ	1着
朝日ＦＳ	逆 13 番タガノエルピーダ	3着
フェブラリー	正 07 番 ガイアフォース	2着
桜花賞	逆 07 番ステレンボッシュ	1着
ＮＨＫＭＣ	逆 13 番ロジリオン	3着
ヴィクトリア	逆 07 番 テンハッピーローズ	1着
安田記念	正 07 番ロマンチックウォリアー	1着
マイルＣＳ	正 13 番ソウルラッシュ	1着
阪神ＪＦ	逆 07 番アルマヴェローチェ	1着
朝日杯ＦＳ	逆 13 番ミュージアムマイル	2着

●東京ＧＩは正逆5番か7番が連対中（23 ～ 24 年）

フェブラリー	正7番ガイアフォース	2着
ＮＨＫＭＣ	逆5番アスコリピチェーノ	2着
ヴィクトリア	逆7番テンハッピーローズ	1着
オークス	正7番ステレンボッシュ	2着

ダービー	正 5 番ダノンデサイル	1 着
安田記念	正 7 番ロマンチックウォリアー	1 着
	正 5 番ナミュール	2 着
天皇賞（秋）	正 7 番ドウデュース	1 着
ジャパンC	正 7 番シンエンペラー	2 着
	逆 5 番ドゥレッツア	2 着

●GIは武豊騎手の± 22、± 58、± 86 馬が3着以内 （いずれも 24 年）

チャンピオC	+ 22 馬1着	− 58 馬1着	+ 86 馬1着
阪神JF	+ 22 馬2着	+ 58 馬2着	− 86 馬2着
朝日杯FS	− 22 馬1着	+ 58 馬1着	− 86 馬1着
有馬記念	+ 22 馬1着	− 58 馬1着	+ 86 馬1着
ホープフルS	+ 22 馬3着	+ 58 馬3着	− 86 馬3着

※有馬記念のレガレイラや、ホープフルSのファウストラーゼンを強力にサポートしていた（右ページに馬柱）。

●GIは菅原明良騎手の± 13 馬が3着以内 （いずれも 24 年）

ダービー	− 13 馬ジャスティンミラノ	2 着
宝塚記念	− 13 馬ブローザホーン	1 着
スプリンター	− 13 馬ナムラクレア	3 着
ジャパンC	− 13 馬ドウデュース	1 着
有馬記念	+ 13 馬ダノンデサイル	3 着
ホープフルS	− 13 馬ジョバンニ	2 着

●GIは戸崎圭太騎手の± 73 馬が3着以内 （いずれも 24 年）

菊花賞	+ 73 馬アドマイヤテラ	3 着
マイルCS	− 73 馬エルトンバローズ	2 着
阪神JF	− 73 馬アロマヴェローチェ	1 着

●2024年12月22日・中山11R有馬記念（ＧⅠ、芝2500m）

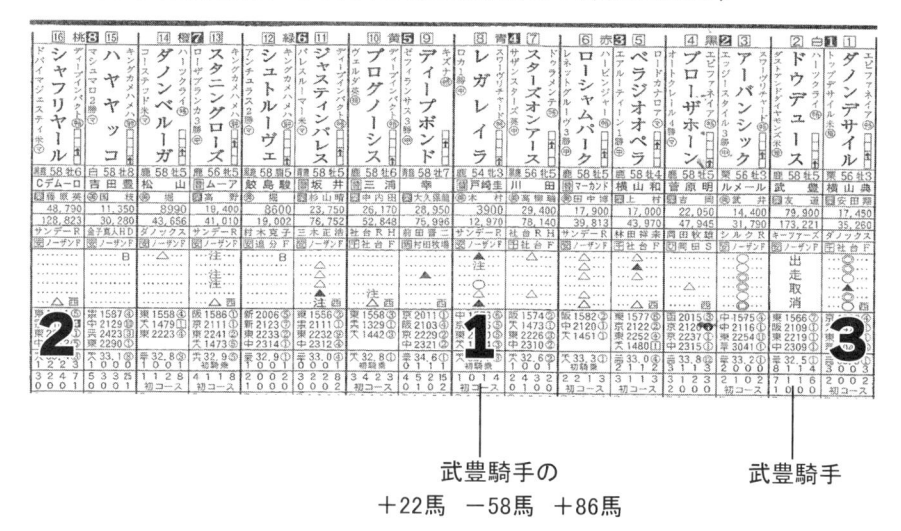

武豊騎手の
＋22馬 －58馬 ＋86馬

武豊騎手

1着⑧レガレイラ 　　　（5番人気）

2着⑯シャフリヤール 　（10番人気）

3着①ダノンデサイル 　（2番人気）

単⑧ 1090 円 複⑧ 320 円 ⑯ 540 円 ① 210 円

馬連⑧－⑯ 20470 円 馬単⑧→⑯ 33100 円

ワイド⑧－⑯ 4450 円 ①－⑧ 720 円 ①－⑯ 1900 円

3連複①⑧⑯ 20850 円 3連単⑧→⑯→① 196520 円

●2024年12月28日・中山11Rホープフルス（ＧⅠ、芝2000m）

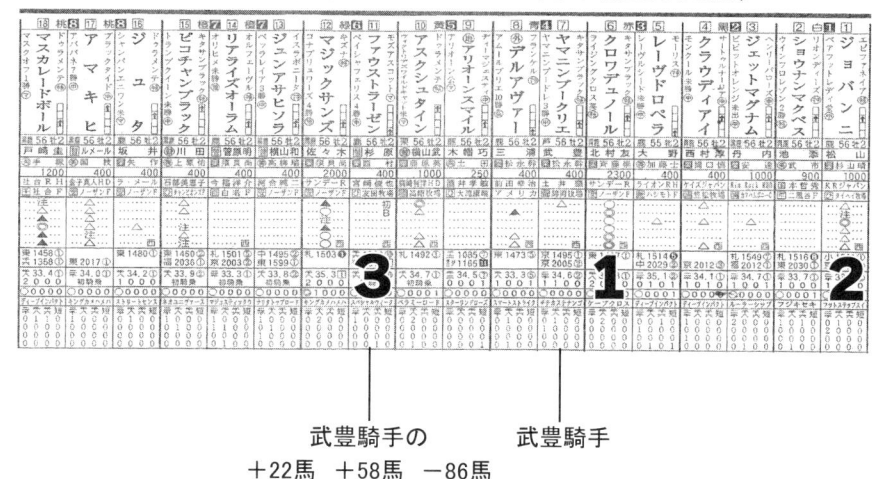

武豊騎手の
＋22馬 ＋58馬 －86馬

武豊騎手

1着⑥クロワデュノール 　（5番人気）

2着①ジョバンニ 　　　（10番人気）

3着⑪ファウストラーゼン （17番人気）

単⑥ 180 円 複⑥ 120 円 ① 280 円 ⑪ 3810 円

馬連①－⑥ 1100 円 馬単⑥→① 1310 円

ワイド①－⑥ 450 円 ⑥－⑪ 15600 円 ①－⑪ 47860 円

3連複①⑥⑪ 140500 円 3連単⑥→①→⑪ 293380 円

| 有馬記念 | ＋73馬ダノンデサイル | 3着 |
| ホープフルS | ＋73馬ジョバンニ | 2着 |

●ＧⅠは三浦皇成騎手の隣枠が3着以内（いずれも 24 年）

天皇賞（春）	＋1枠ブローザホーン	2着
オークス	＋1枠ステレンボッシュ	2着
安田記念	－1枠ソウルラッシュ	3着
チャンピオC	－1枠ウィルソンテソーロ	2着
有馬記念	－1枠レガレイラ	1着
ホープフルS	－1枠クロワデュノール	1着

●ＧⅠは前走⑦番ゲート馬か、その隣馬が3着以内（いずれも 24 年）

秋華賞	ステレンボッシュ	自身3着
菊花賞	アレグロブリランテ	隣馬3着
天皇賞秋	タスティエーラ	自身2着
エリ女王杯	ホールネス	自身3着
マイルCS	セリフォス	隣馬3着
ジャパンC	ドウデュース	自身1着
チャンピオC	セラフィックコール	隣馬2着
阪神JF	ミーントゥビー	隣馬2着
朝日杯FS	ランスオブカオス	自身3着
有馬記念	レガレイラ	自身1着
ホープフルS	ヤマニンブークリエ	隣馬1着

●ＧⅠは馬名頭末尾「ル」馬自身か、その隣馬が3着以内（いずれも 24 年）

エリ女王杯	ラヴェ<u>ル</u>
	自身2着
マイルCS	ウインマーベ<u>ル</u>

	自身	3着
	隣馬ソウルラッシュ	1着
チャンピオC	セラフィックコール	
	隣馬ウィルソンテソーロ	2着
	隣馬ドゥラエレーデ	3着
朝日杯FS	ミュージアムマイル	
	自身	2着
	隣馬ランスオブカオス	3着
有馬記念	シャフリヤール	
	自身	2着
	ダノンデサイル	
	自身	3着
ホープフルS	クロワデュノール	
	自身	1着

※有馬記念は隣馬同士でもある。

●中山9日目GⅠは正逆96番か98番が3着以内（17～24年）

17年　スプリンター　正98番2着

17年　ホープフルS　逆96番1着

18年　スプリンター　逆96番3着

18年　ホープフルS　正96番1着

19年　スプリンター　正98番3着

19年　ホープフルS　正96番2着

20年　スプリングS　逆98番2着

20年　スプリンター　正96番3着

21年　スプリングS　逆96番3着

21年　ホープフルS　正98番2着

22年　スプリンター　正98番1着

22 年	ホープフル S	逆 98 番 1 着
		正 98 番 2 着
23 年	スプリンター	逆 96 番 3 着
23 年	ホープフル S	逆 96 番 1 着
		正 96 番 2 着
24 年	スプリンター	正 98 番 2 着
24 年	ホープフル S	正 96 番 1 着
		逆 98 番 3 着

※ 22 年のホープフル S の馬連 6 万馬券でも 1 着、2 着を指名している。他に「中山 9 日目 G I は戸崎圭太騎手の − 25 馬が 3 着以内」も継続中。こちらは、24 年のスプリンターズ S では 6 番人気 2 着トウシンマカオを、ホープフル S では大穴の 17 番人気 3 着ファウストラーゼンを 1 頭指名している。

第2章

GI【連対馬】的中予言

2025年高松宮記念〜スプリンターズS

GI 高松宮記念

2025年3月30日　中京芝1200m（4歳上）

正逆 8番12番

ジャパンC	高松宮記念
2020年【逆14番】1着 ➡	2021年【正14番】ダノンスマッシュ　1着
2021年【逆17番】1着 ➡	2022年【逆17番】ナランフレグ　1着
2022年【逆4番】2着 ➡	2023年【逆4番】ナムラクレア　2着
2023年【逆17番】1着 ➡	2024年【逆17番】マッドクール　1着
2024年【逆12番】1着 【逆8番】2着	➡ 2025年【正逆8番、12番】

馬番	18 桃8 17	16 橙7 15	14 橙7 13	12 緑6 11	10 黄5 9	8 青4 7	6 赤3 5	4 黒2 3	2 白1 1
馬名	シュバルツカイザー／マテンロウオリオン	コスモサマーブレス／アイルハヴアナザー／ウインカーネリアン／モーリス	ママコチャ／Lord Kanaloa／デイヴィーナ／ハーツクライ	ウインカーネリアン／ロータスランド／メイケイエール	ビクターザウィナー／シャンパンカラー／ソーヴァリアント／ソーダズリング	テイエムスパーダ／ルガル／ドゥラメンテ	トウシンマカオ／モズメイメイ／ナムラクレア／ミッキーアイル	マッドクール／ビッグシーザー／アグリ	

注目サイン！

前走⑯番ゲート馬の隣馬が3着以内
21年はワンツーで馬連1010円

19 年	ミスターメロディ	隣馬セイウンコウセイ	2着
21 年	マルターズディオサ	隣馬ダノンスマッシュ	1着
		隣馬レシステンシア	2着
22 年	シャインガーネット	隣馬ナランフレグ	1着
23 年	ウォーターナビレラ	隣馬トゥラヴェスーラ	3着
24 年	モズメイメイ	隣馬ナムラクレア	2着

※ 20 年は該当馬の出走ナシ。

前走2着馬か、その隣馬が3着以内
近5年は1着の快進撃！

17 年	セイウンコウセイ	自身	1着
18 年	ナックビーナス	隣馬レッツゴードンキ	2着
19 年	レッツゴードンキ	隣馬ショウナンアンセム	3着
20 年	ナックビーナス	隣馬モズスーパーフレア	1着
21 年	マルターズディオサ	隣馬ダノンスマッシュ	1着
22 年	ナランフレグ	自身	1着
23 年	ファストフォース	自身	1着
24 年	ナムラクレア	隣馬マッドクール	1着

マル外馬の±3枠が連対
今のところ6／8で1着指名
23年は12番人気ファストフォースが優勝、単勝3230円！

17 年	－3枠	3枠セイウンコウセイ	1着
18 年	＋3枠	4枠レッツゴードンキ	2着
19 年	＋3枠	2枠ミスターメロディ	1着
20 年	－3枠	4枠グランアレグリア	2着
21 年	－3枠	7枠ダノンスマッシュ	1着
22 年	－3枠	1枠ナランフレグ	1着
23 年	＋3枠	7枠ファストフォース	1着
24 年	＋3枠	1枠マックドール	1着

注目サイン！

前走⑩番ゲート馬か、その隣馬が3着以内
22年は8番人気ナランフレグ優勝、単勝2780円！

20 年	ナックビーナス	隣馬モズスーパーフレア	1着
21 年	インディチャンプ	自身	3着
22 年	ナランフレグ	自身	1着
24 年	ビッグシーザー	隣馬マッドクール	1着
	ビクターザウィナー	自身	3着

※ 23 年は該当馬の出走ナシ。

浜中俊騎手の±18隣馬が3着以内
18頭立てなら自己指名、今のところ1着ナシ

15 年	±18 馬ミッキーアイル	3着
21 年	±18 馬レシステンシア	2着
23 年	±18 馬ナムラクレア	2着
24 年	±18 馬ナムラクレア	2着

※ 16 〜 20、22 年は同騎手の騎乗ナシ。

鮫島克駿騎手の±2枠が3着以内
22年はワンツースリー、3連単278万馬券！

21 年	－2枠インディチャンプ	3着
22 年	＋2枠ナランフレグ	1着
	－2枠ロータスランド	2着
	－2枠キルロード	3着
23 年	＋2枠トゥラヴェスーラ	3着

※16 年から継続中。24 年は同騎手の騎乗ナシ。他に「戸崎圭太騎手の±3枠が3着以内」
も継続中。

馬名頭文字か末尾「ス」馬か、その隣馬が3着以内
19年は17番人気ショウナンアンセム3着で大波乱！

19 年	アレスバローズ	隣馬ショウナンアンセム	3着
20 年	ナックビーナス	隣馬モズスーパーフレア	1着
22 年	サリオス	隣馬ナランフレグ	1着
23 年	ファストフォース	自身	1着

※「ズ」も対象。16 年から継続中。21、24 年は該当馬の出走ナシ。

GI 大阪杯

当たり馬番は連動する！

2025年4月6日　阪神芝2000m（4歳上）

正逆　2番3番

高松宮記念	大阪杯	
2020年【正8番】2着 ➡	2021年【正8番】レイパパレ	1着
2021年【正14番】1着 ➡	2022年【正14番】レイパパレ	2着
2022年【正9番】2着 ➡	2023年【正9番】ジャックドール	1着
2023年【正15番】2着 ➡	2024年【逆15番】ローシャムパーク	2着
2024年【正2番】1着 【正3番】2着	➡ 2025年【正逆2番、3番】	

2024年 大阪杯	1着⑪ベラジオオペラ	（2番人気）	馬連 1930 円
	2着②ローシャムパーク	（3番人気）	3連複 22720 円
	3着⑬ルージュエヴァイユ	（11 番人気）	3連単 93050 円

注目サイン！

前年1着枠の隣枠が連対中
25年は5枠、7枠をマークしたい

20年	1着5枠	→	21年	6枠レイパパレ	1着
21年	1着6枠	→	22年	7枠レイパパレ	2着
22年	1着4枠	→	23年	5枠ジャックドール	1着
23年	1着5枠	→	24年	6枠ベラジオオペラ	1着
24年	1着6枠	→	25年	5枠、7枠が候補	

前走1番人気馬が3着以内
これまたシンプルなセオリーで……

20年	クロノジェネシス	2着
	ダノンキングリー	3着
21年	レイパパレ	1着
22年	アリーヴォ	3着
23年	スターズオンアース	2着
24年	ベラジオオペラ	1着

前走2番人気馬が3着以内
前走1番人気×前走2番人気のタッグで馬券ゲット！

19年	キセキ	2着
20年	ラッキーライラック	1着
21年	コントレイル	3着
22年	レイパパレ	2着
23年	ジャックドール	1着
24年	ルージュエヴァイユ	3着

松山弘平騎手の隣馬が3着以内
24年は3番人気ローシャムパーク2着、馬連1930円

18年	−1馬スワーヴリチャード	1着
21年	−1馬モズベッロ	2着
23年	−1馬ダノンザキッド	3着
24年	−1馬ローシャムパーク	2着

※13年から継続中。19、20、22年は同騎手の騎乗ナシ。

注目サイン！

武豊騎手か、その隣馬が3着以内
17年はワンツー、馬連2320円

17年	キタサンブラック	自身	1着
		隣馬ステファノス	2着
20年	ロードマイウェイ	隣馬クロノジェネシス	2着
22年	アリーヴォ	隣馬ポタジェ	1着
		自身アリーヴォ	3着
23年	ジャックドール	自身	1着

※14年から継続中。18、19、21、24年は同騎手の騎乗ナシ。

M・デムーロ騎手の±3枠が3着以内
24年は2番人気ベラジオオペラ優勝、単勝550円

16年	−3枠アンビシャス	1着
17年	＋3枠ヤマカツエース	3着
18年	＋3枠ペルシアンナイト	2着
19年	−3枠キセキ	2着
20年	＋3枠クロノジェネシス	2着
22年	−3枠レイパパレ	2着
24年	−3枠ベラジオオペラ	1着

※21、23年は同騎手の騎乗ナシ。他に「横山典弘騎手の±12馬が3着以内」も継続中。

馬名頭文字か末尾「ス」馬の隣馬が3着以内
23年は10番人気ダノンザキッド3着、3連単3万馬券！

15年	ラキス	隣馬エアソミュール	3着
16年	アンビシャス	隣馬ショウナンパンドラ	3着
17年	ステファノス	隣馬キタサンブラック	1着
18年	スマートレイアー	隣馬ペルシアンナイト	2着
19年	ブラストワンピース	隣馬キセキ	2着
20年	ステイフーリッシュ	隣馬ダノンキングリー	3着
21年	サリオス	隣馬モズベッロ	2着
22年	ヒシイグアス	隣馬アリーヴォ	3着
23年	ヒシイグアス	隣馬ダノンザキッド	3着
24年	ソールオリエンス	隣馬ベラジオオペラ	1着

※13年から継続中。

GⅠ 桜花賞

当たり馬番は連動する！

正逆 1番 3番

みやこS	桜花賞
2020年【逆4番】2着 ➡	2021年【正4番】ソダシ　　　　　　　1着
2021年【逆11番】2着 ➡	2022年【逆11番】スターズオンアース　1着
2022年【逆3番】1着 ➡	2023年【正3番】リバティアイランド　　1着
2023年【逆10番】2着 ➡	2024年【逆10番】アスコリピチェーノ　2着
2024年【逆1番】1着 　　　【逆3番】2着	➡ 2025年【正逆1番、3番】

2024年 桜花賞	1着⑫ステレンボッシュ	（2番人気）	馬連 620円
	2着⑨アスコリピチェーノ	（1番人気）	3連複 3260円
	3着⑪ライトバック	（7番人気）	3連単 11470円

34

注目サイン！

前走①番ゲート馬の隣馬が3着以内
24年は1番人気アスコリピチェーノが2着

19 年	アクアミラビリス	隣馬グランアレグリア	1着
20 年	サンクテュエール	隣馬スマイルカナ	3着
21 年	ストライプ	隣馬サトノレイナス	2着
22 年	ピンハイ	隣馬ウォーターナビレラ	2着
24 年	コラソンビート	隣馬アスコリピチェーノ	2着

※18年から継続中。23年は該当馬の出走ナシ。

1番人気馬か、その隣馬が3着以内
23年は断然人気のリバティアイランドが堂々の優勝

19 年	ダノンファンタジー	隣馬シゲルピンクダイヤ	2着
20 年	レシステンシア	自身	2着
21 年	サトノレイナス	自身	2着
22 年	ナミュール	隣馬ナムラクレア	3着
23 年	リバティアイランド	自身	1着
24 年	アスコリピチェーノ	自身	2着

※17年から継続中。

フィリーズレビュー2着馬の±2枠が連対中
24年は2番人気ステレンボッシュが優勝

20 年	－2枠デアリングタクト	1着
21 年	＋2枠サトノレイナス	2着
22 年	＋2枠ウォーターナビレラ	2着
23 年	＋2枠リバティアイランド	1着
24 年	＋2枠ステレンボッシュ	1着

チューリップ賞3着馬の±3枠が連対中
22年は3番人気ウォーターナビレラ2着、馬連3740円

20 年	－3枠デアリングタクト	1着
21 年	－3枠サトノレイナス	2着
22 年	＋3枠ウォーターナビレラ	2着
23 年	＋3枠リバティアイランド	1着
24 年	＋3枠ステレンボッシュ	1着

注目サイン！

前走2着馬か、その隣馬が連対中
10年で7割は前走2着馬自身が該当

15 年	ペルフィカ	隣馬レッツゴードンキ	1着
16 年	ジュエラー	自身	1着
17 年	レーヌミノル	自身	1着
18 年	レッドレグナント	隣馬アーモンドアイ	1着
19 年	シゲルピンクダイヤ	自身	2着
20 年	フィオリキアリ	隣馬デアリングタクト	1着
21 年	サトノレイナス	自身	2着
22 年	スターズオンアース	自身	1着
23 年	コナコースト	自身	2着
24 年	ステレンボッシュ	自身	1着

馬名頭文字か末尾「ア」馬か、その隣馬が3着以内
21年は"白毛のプリンセス"ソダシが優勝

17 年	アロンザモナ	隣馬レーヌミノル	1着
18 年	アーモンドアイ	自身	1着
19 年	グランアレグリア	自身	1着
20 年	レシステンシア	自身	2着
21 年	アカイトリノムスメ	隣馬ソダシ	1着
22 年	ナムラクレア	自身	3着
23 年	ペリファーニア	自身	3着
24 年	アスコリピチェーノ	自身	2着

馬名頭文字か末尾「ス」馬か、その隣馬が3着以内
22年は7番人気スターズオンアース優勝、単勝1450円

19 年	クロノジェネシス	自身	3着
20 年	スマイルカナ	自身	3着
21 年	サトノレイナス	自身	2着
22 年	スターズオンアース	自身	1着
23 年	ドゥアイズ	隣馬リバティアイランド	1着
24 年	ステレンボッシュ	自身	1着

※「ズ」も対象。

J・GI 中山グランドJ

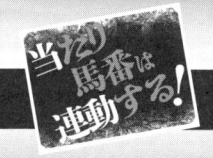
当たり馬番は連動する！

正逆 1番2番

アルテミスS	中山グランドJ
2020年【正6番】2着 ➡	2021年【正6番】メイショウダッサイ　1着
2021年【正7番】1着 ➡	2022年【正7番】オジュウチョウサン　1着
2022年【正10番】1着 ➡	2023年【正10番】ミッキーメテオ　　　2着
2023年【正8番】2着 ➡	2024年【正8番】イロゴトシ　　　　　1着
2024年【正2番】1着	
【正1番】2着 ➡	2025年【正逆1番、2番】

	12 桃 8 11	10 橙 7 9	8 緑 6 7	6 黄 5 5	青 4 4	赤 3 3	黒 2 2	白 1 1
馬名	ダイシンクローバー	ニシノデイジー	イロゴトシ	タマモワカムシャ	マイネルグロン	ワンダークローバー	エコロデュエル	ジューンベロシティ
	フロールシュタット	ギガバッケン	ポルタフォリオ	ビレッジイーグル				
斤量	63 牡8 63 牡5	63 牡5 63 牡7	63 牡6 63 牡7	63 騙5 63 牡7	63 牡5	63 牡4	63 牡5	63 牡6
騎手	高田 上野	五十嵐 伴	黒岩 小牧加	中村 大江原圭	石神深	青木	小野寺	森一
	栗高橋 戸	栗牧 田	栗角 田	栗川 竹内	栗森 田	栗岩	栗正紀	栗武英
	3800 400	5000 1000	3700 400	400 2650	9000	400	3250	3900
	16,093 2366	24,800 7085	14,100 2016	11,456	2445	9444	13,116	7,119
	八木信行 吉田勝己	西山茂行 ノルマンディーTR	内田玄祥 吉田照哉	村山輝雄	山本能成	原村正紀	吉川潤	
	カミイスタット ノーザン	谷川牧場 岡田S	本田土寿 社台F	川島牧場 ビッグレッドF	高昭牧場	下河辺牧場	ヒダカF	

2024年	1着⑧イロゴトシ	（2番人気）	馬連 7250円
中山	2着①ジューンベロシティ	（5番人気）	3連複 8040円
グランドJ	3着⑩ニシノデイジー	（3番人気）	3連単 101750円

注目サイン！

 **正逆214番が3着以内**
24年は3番人気ニシノデイジー3着、3連単10万馬券！

14 年	正 214 番メイショウブシドウ	3着
15 年	逆 214 番アップトゥデイト	1着
16 年	逆 214 番オジュウチョウサン	1着
17 年	正 214 番アップトゥデイト	3着
18 年	逆 214 番ニホンピロバロン	3着
19 年	正 214 番オジュウチョウサン	1着
20 年	正 214 番ブライトクォーツ	3着
21 年	正 214 番メイショウダッサイ	1着
22 年	正 214 番オジュウチョウサン	1着
23 年	逆 214 番ダイシンクローバー	3着
24 年	正 214 番ニシノデイジー	3着

 **前走4着馬か、その隣馬が3着以内**
22年は2番人気ミッキーメテオが2着、馬連3520円

19 年	ミヤジタイガ	隣馬シンキングダンサー	2着
20 年	シンキングダンサー	隣馬オジュウチョウサン	1着
21 年	マイネルプロンプト	隣馬メイショウダッサイ	1着
22 年	マイネルレオーネ	隣馬ブラゾンダムール	2着
23 年	ミッキーメテオ	自身	2着
24 年	ニシノデイジー	自身	3着

 **五十嵐雄祐騎手の±62馬が連対中**
23、24年はイロゴトシが連覇

17 年	－ 62 馬オジュウチョウサン	1着
19 年	＋ 62 馬シンキングダンサー	2着
20 年	－ 62 馬メイショウダッサイ	2着
21 年	＋ 62 馬メイショウダッサイ	1着
23 年	＋ 62 馬イロゴトシ	1着
24 年	－ 62 馬イロゴトシ	1着

※ 18、22 は同騎手の騎乗ナシ。

注目サイン！

石神深一騎手の±33馬が3着以内
自身騎乗のオジュウチョウサンでも2勝

17 年	－ 33 馬サンレイデューク	2着
18 年	－ 33 馬アップトゥデイト	2着
19 年	± 33 馬オジュウチョウサン	1着
20 年	± 33 馬オジュウチョウサン	1着
21 年	－ 33 馬タガノエスプレッソ	3着
22 年	－ 33 馬ブラゾンダムール	2着
23 年	－ 33 馬ミッキーメテオ	2着
24 年	＋ 33 馬ジューンベロシティ	2着

上野翔騎手の±74馬が連対中
24年は5番人気ジューンベロシティ2着、馬連7250円！

14 年	－ 74 馬アポロマーベリック	1着
20 年	＋ 74 馬オジュウチョウサン	1着
22 年	－ 74 馬オジュウチョウサン	1着
23 年	－ 74 馬イロゴトシ	1着
24 年	＋ 74 馬ジューンベロシティ	2着

※ 15 ～ 19、21 年は同騎手の騎乗ナシ。

前走④番ゲート馬か、その隣馬が1着継続中
ここでもイロゴトシが連覇！

19 年	ラビットシップ	隣馬オジュウチョウサン	1着
21 年	メイショウダッサイ	自身	1着
22 年	ケンホファヴァルト	隣馬メイショウダッサイ	1着
23 年	イロゴトシ	自身	1着
24 年	ポルタフォリオ	隣馬イロゴトシ	1着

※ 20 年は当該馬の出走ナシ。

GⅠ 皐月賞

2025年4月20日　中山芝2000m（3歳）

当たり馬番は連動する！

正逆 4番 12番

ファンタジーS	皐月賞	
2020年【正10番】1着 ➡	2021年【逆10番】エフフォーリア	1着
2021年【正5番】1着 ➡	2022年【逆5番】ジオグリフ	1着
2022年【正5番】2着 ➡	2023年【逆5番】タスティエーラ	2着
2023年【正6番】1着 ➡	2024年【逆6番】ジャスティンミラノ	1着
2024年【正12番】1着 　　　　【正4番】2着	➡ 2025年【正逆4番、12番】	

2024年 皐月賞	1着⑬ジャスティンミラノ	（2番人気）	馬連 3550 円
	2着⑫コスモキュランダ	（7番人気）	3連複 5940 円
	3着⑧ジャンタルマンタル	（3番人気）	3連単 29240 円

注目サイン！

正逆7番が3着以内
24年は7番人気コスモキュランダ2着、馬連3550円

17年	正7番ペルシアンナイト	2着
18年	正7番エポカドーロ	1着
19年	逆7番サートゥルナーリア	1着
20年	正7番サリオス	2着
21年	正7番エフフォーリア	1着
22年	逆7番ドウデュース	3着
23年	正7番ファントムシーフ	3着
24年	逆7番コスモキュランダ	2着

馬名頭文字か末尾「タ」馬か、その隣馬が3着以内
21年2着のタイトルホルダーはダブルで該当

17年	ダンビュライト	自身	3着
18年	ダブルシャープ	隣馬サンリヴァル	2着
19年	ダノンキングリー	自身	3着
20年	ビターエンダー	隣馬コントレイル	1着
21年	タイトルホルダー	自身	2着
22年	ダノンベルーガ	隣馬イクイノックス	2着
23年	タスティエーラ	自身	2着
24年	コスモキュランダ	自身	2着

※「ダ、ター、ダー」も対象。

M・デムーロ騎手の隣枠が3着以内
23年は2番人気ソールオリエンスが快勝！

17年	隣枠ダンビュライト	3着
18年	隣枠エポカドーロ	1着
19年	隣枠ダノンキングリー	3着
20年	隣枠ガロアクリーク	3着
21年	隣枠タイトルホルダー	2着
22年	隣枠ドウデュース	3着
23年	隣枠ソールオリエンス	1着
24年	隣枠コスモキュランダ	2着

注目サイン！

川田将雅騎手の±5馬が3着以内
24年は2番人気ジャスティンミラノがレコード勝利

19 年	＋5馬サートゥルナーリア	1着
21 年	＋5馬タイトルホルダー	2着
22 年	ー5馬ジオグリフ	1着
23 年	ー5馬ファントムシーフ	3着
24 年	＋5馬ジャスティンミラノ	1着

※ 20 年は同騎手の騎乗ナシ。

藤岡佑介騎手の±3枠が3着以内
17年は12番人気ダンビュライト3着、3連単106万馬券！

17 年	ー3枠ダンビュライト	3着
18 年	ー3枠エポカドーロ	1着
19 年	ー3枠ヴェロックス	2着
23 年	＋3枠ファントムシーフ	3着
24 年	＋3枠コスモキュランダ	2着

※ 20 〜 22 年は同騎手の騎乗ナシ。他に「横山武史騎手の±2枠が3着以内」も継続中。

弥生賞3着馬の±2枠が3着以内
22年は後のダービー馬ドウデュースが3着

21 年	ー2枠ステラヴェローチェ	3着
22 年	＋2枠ドウデュース	3着
23 年	ー2枠タスティエーラ	2着
24 年	＋2枠ジャンタルマンタル	3着

前走⑦番ゲート馬か、その隣馬が3着以内
21年は2番人気エフフォーリアが優勝

18 年	アイトーン	隣馬エポカドーロ	1着
20 年	ガロアクリーク	自身	3着
21 年	エフフォーリア	自身	1着
22 年	ドウデュース	自身	3着
24 年	コスモキュランダ	自身	2着

※ 14 年から継続中。19、23 年は該当馬の出走ナシ。

GⅠ 天皇賞（春）

2025年5月4日　京都芝3200m（4歳上）

当たり馬番は連動する！

正逆　3番8番

阪神C	天皇賞（春）
2020年【逆1番】2着 ➡	2021年【正1番】ワールドプレミア　　1着
2021年【逆16番】2着 ➡	2022年【正16番】タイトルホルダー　　1着
2022年【逆1番】2着 ➡	2023年【正1番】ジャスティンパレス　1着
2023年【逆14番】1着 ➡	2024年【正14番】テーオーロイヤル　1着
2024年【逆3番】1着 　　　【逆8番】2着	➡ 2025年【正逆3番、8番】

2024年 天皇賞（春）	1着⑭テーオーロイヤル	（1番人気）	馬連 1070 円
	2着⑤ブローザホーン	（5番人気）	3連複 7750 円
	3着⑥ディープボンド	（6番人気）	3連単 23960 円

注目サイン！

春秋の天皇賞は正逆204番が3着以内
24年春は6番人気ディープボンド3着、3連単2万馬券

22 年	天皇賞（秋）	逆 204 番イクイノックス	1着
23 年	天皇賞（春）	逆 204 番ジャスティンパレス	1着
	天皇賞（秋）	逆 204 番ジャスティンパレス	2着
24 年	天皇賞（春）	正 204 番ディープボンド	3着
	天皇賞（秋）	逆 204 番ドウデュース	1着
		正 204 番ホウオウビスケッツ	3着

前走4着馬か、その隣馬が3着以内
24年は2番人気テーオーロイヤルが悲願の優勝

19 年	パフォーマプロミス	自身	3着
20 年	フィエールマン	自身	1着
21 年	シロニイ	隣馬カレンブーケドール	3着
22 年	クレッシェンドラヴ	隣馬テーオーロイヤル	3着
23 年	アフリカンゴールド	隣馬ジャスティンパレス	1着
24 年	スカーフェイス	隣馬テーオーロイヤル	1着

馬名末尾「ル」馬か、その隣馬が3着以内
16年はワンツー、馬連2万馬券！

16 年	トゥインクル	隣馬キタサンブラック	1着
		隣馬カレンミロティック	2着
17 年	スピリッツミノル	隣馬キタサンブラック	1着
18 年	サトノクロニクル	隣馬シュヴァルグラン	2着
19 年	ユーキャンスマイル	隣馬フィエールマン	1着
20 年	ユーキャンスマイル	隣馬スティッフェリオ	2着
21 年	カレンブーケドール	自身	3着
22 年	テーオーロイヤル	自身	3着
23 年	エンドロール	隣馬シルヴァーソニック	3着
24 年	テーオーロイヤル	自身	1着

注目サイン！

和田竜二騎手の±43馬が3着以内
23年は6番人気シルヴァーソニック3着、3連単6万馬券！

19 年	＋ 43 馬	パフォーマプロミス	3着
20 年	＋ 43 馬	フィエールマン	1着
21 年	－ 43 馬	カレンブーケドール	3着
22 年	＋ 43 馬	テーオーロイヤル	3着
23 年	＋ 43 馬	シルヴァーソニック	3着
24 年	－ 43 馬	テーオーロイヤル	1着

武豊騎手の±58馬が3着以内
22年は2番人気タイトルホルダーが逃げ切る

20 年	－ 58 馬	スティッフェリオ	2着
21 年	－ 58 馬	ワールドプレミア	1着
22 年	＋ 58 馬	タイトルホルダー	1着
23 年	＋ 58 馬	シルヴァーソニック	3着
24 年	＋ 58 馬	ブローザホーン	2着

※他に「武豊騎手の±95馬が3着以内」も継続中。

岩田望来騎手の±24馬が連対中
20年はワンツー、馬連5770円！

20 年	－ 24 馬	フィエールマン	1着
	＋ 24 馬	スティッフェリオ	2着
22 年	－ 24 馬	ディープボンド	2着
23 年	－ 24 馬	ジャスティンパレス	1着
24 年	＋ 24 馬	ブローザホーン	2着

※ 21 年は同騎手の騎乗ナシ。

浜中俊騎手の±12馬が3着以内
ディープボンドが連続で馬券になる

18 年	－ 12 馬	クリンチャー	3着
20 年	＋ 12 馬	ミッキースワロー	3着
23 年	－ 12 馬	ディープボンド	2着
24 年	－ 12 馬	ディープボンド	3着

※ 19、21、22 年は同騎手の騎乗ナシ。

GI NHKマイルC

2025年5月11日　東京芝1600m（3歳）

正逆 9番 12番

桜花賞	NHKマイルC	
2020年【正9番】1着 ➡	2021年【逆9番】ソングライン	2着
2021年【正18番】2着 ➡	2022年【正18番】ダノンスコーピオン	1着
2022年【正8番】1着 ➡	2023年【逆8番】シャンパンカラー	1着
2023年【正3番】1着 ➡	2024年【逆3番】ジャンタルマンタル	1着
2024年【正12番】1着 / 【正9番】2着	➡ 2025年【正逆9番、12番】	

	2024 年	1着⑯ジャンタルマンタル	（2番人気）	馬連 360 円
	NHK	2着⑭アスコリピチェーノ	（1番人気）	3連複 2540 円
	マイルC	3着⑥ロジリオン	（10番人気）	3連単 8520 円

注目サイン！

ファルコンS、NZT、桜花賞の2着馬が3着以内
20年はワンツー、馬連4200円

20 年	ラウダシオン	1着	（ファルコンS2着）
	レシステンシア	2着	（桜花賞2着）
21 年	グレナディアガーズ	3着	（ファルコンS2着）
22 年	マテンロウオリオン	2着	（NZT2着）
23 年	ウンブライル	2着	（NZT2着）
24 年	アスコリピチェーノ	2着	（桜花賞2着）

※ＮＺＴ＝ニュージーランドＴ。

牝馬の±6馬が3着以内
19年以外は1着継続中！

17 年	カラクレナイ	－6馬アエロリット	1着
18 年	プリモシーン	＋6馬ケイアイノーテック	1着
19 年	イベリス	＋6馬カテドラル	3着
20 年	シャインガーネット	＋6馬ラウダシオン	1着
21 年	ゴールドチャリス	＋6馬シュネルマイスター	1着
22 年	セイクリッド	＋6馬ダノンスコーピオン	1着
23 年	ミシシッピテソーロ	－6馬シャンパンカラー	1着
24 年	イフェイオン	－6馬ジャンタルマンタル	1着

川田将雅騎手の±3枠が3着以内
22年は18番人気カワキタレブリー3着、3連単153万馬券！

17 年	－3枠ボンセルヴィーソ	3着
18 年	＋3枠レッドヴェイロン	3着
19 年	＋3枠カテドラル	3着
21 年	＋3枠シュネルマイスター	1着
22 年	－3枠カワキタレブリー	3着
23 年	－3枠オオバンブルマイ	3着
24 年	＋3枠ロジリオン	3着

※ 20 年は同騎手の騎乗ナシ。

注目サイン！

 **馬名末尾「ン」馬の隣馬が連対中**
20、22、24年とワンツーフィニッシュ！

20 年	ハーモニーマゼラン	隣馬ラウダシオン	1着
	タイセイビジョン	隣馬レシステンシア	2着
21 年	ショックアクション	隣馬シュネルマイスター	1着
22 年	マテンロウオリオン	隣馬ダノンスコーピオン	1着
	ダノンスコーピオン	隣馬マテンロウオリオン	2着
23 年	ショーモン	隣馬ウンブライル	2着
24 年	マスクオールウィン	隣馬ジャンタルマンタル	1着
		隣馬アスコリピチェーノ	2着

※ 22 年は①マテンロウオリオン、⑱ダノンスコーピオン。

 **ジュニアC連対馬の隣馬が3着以内**
23年は9番人気シャンパンカラー優勝、単勝2220円

15 年	⑦クラリティスカイ	1着
	（⑧ジュニアC1着馬）	
16 年	④メジャーエンブレム	1着
	（③ジュニアC2着馬）	
17 年	⑯アエロリット	1着
	（⑰ジュニアC1着馬）	
20 年	⑪ラウダシオン	1着
	（⑩ジュニアC2着馬）	
21 年	⑩ソングライン	2着
	（⑪ジュニアC1着馬）	
22 年	⑩カワキタレブリー	3着
	（⑪ジュニアC1着馬）	
23 年	⑪シャンパンカラー	1着
	（⑫ジュニアC1着馬）	
24 年	⑥ロジリオン	3着
	（⑦ジュニアC2着馬）	

※ 18、19 年は該当馬の出走ナシ。他に「横山典弘騎手の隣枠が3着以内」「岩田康誠騎手か、その隣馬が3着以内」も継続中。

ヴィクトリアマイル

2025年5月18日　東京芝1600m（4歳上牝馬）

当たり馬番は連動する！

正逆　7番15番

ダービー卿CT	ヴィクトリアM	
2020年【逆13番】1着 ➡	2021年【逆13番】グランアレグリア	1着
2021年【逆8番】1着 ➡	2022年【逆8番】ファインルージュ	2着
2022年【逆16番】2着 ➡	2023年【正16番】ソダシ	1着
2023年【逆9番】1着 ➡	2024年【正9番】テンハッピーローズ	1着
2024年【逆15番】1着 【逆7番】2着	➡ **2025年【正逆7番、15番】**	

2024年	1着⑨テンハッピーローズ	（14番人気）	馬連 93690円
ヴィクトリア	2着②フィアスプライド	（4番人気）	3連複 43750円
マイル	3着⑥マスクトディーヴァ	（1番人気）	3連単 916640円

注目サイン！

前走牝馬限定戦の1番人気馬か、その隣馬が連対中
特に中山牝馬Sと阪神牝馬Sで1番人気だった馬に注目

16 年	ミッキークイーン	（前走阪神牝馬S）	自身	2着
17 年	ミッキークイーン	（前走阪神牝馬S）	隣馬	2着
18 年	リスグラシュー	（前走阪神牝馬S）	自身	2着
19 年	ノームコア	（前走中山牝馬S）	自身	1着
20 年	ラヴズオンリーユー	（前走エリ女王杯）	隣馬	2着
21 年	デゼル	（前走阪神牝馬S）	隣馬	1着
22 年	ミスニューヨーク	（前走中山牝馬S）	隣馬	2着
23 年	ルージュスティリア	（前走阪神牝馬S）	隣馬	2着
24 年	フィアスプライド	（前走中山牝馬S）	自身	2着

戸崎圭太騎手か、その隣馬が3着以内
22年は4番人気ソダシ優勝、単勝570円

19 年	隣馬ノームコア	1着
	自身クロコスミア	3着
21 年	自身マジックキャッスル	3着
22 年	隣馬ソダシ	1着
23 年	自身ソングライン	1着
24 年	隣馬フィアスプライド	2着

※ 20 年は該当馬の出走ナシ。

ルメール騎手か、その±3馬が3着以内
24年は自身騎乗の4番人気フィアスプライドで連対

15 年	＋3馬ケイアイエレガント	2着
16 年	＋3馬ミッキークイーン	2着
17 年	自身	1着
18 年	－3馬レッドアヴァンセ	3着
20 年	自身	1着
21 年	自身	1着
22 年	自身	2着
23 年	自身	3着
24 年	自身	2着

※ 19 年は同騎手の騎乗ナシ。

注目サイン！

馬名頭文字か末尾「ア」馬か、その隣馬が3着以内
20年は断然人気アーモンドアイが快勝！

19 年	ノームコア	自身	1着
20 年	アーモンドアイ	自身	1着
21 年	グランアレグリア	自身	1着
	レシステンシア	隣馬マジックキャッスル	3着
22 年	レシステンシア	自身	3着
23 年	ルージュスティリア	隣馬ソダシ	2着
24 年	マスクトディーヴァ	自身	3着

※「ァ」も対象。

C・ルメール騎手の±2枠が3着以内
23年は4番人気ソングライン優勝、単勝760円！

17 年	＋2枠デンコウアンジュ	2着
18 年	－2枠レッドアヴァンセ	3着
20 年	＋2枠サウンドキアラ	2着
22 年	－2枠レシステンシア	3着
23 年	＋2枠ソングライン	1着
24 年	＋2枠マスクトディーヴァ	3着

※ 19、21 年は同騎手の騎乗ナシ。

吉田隼人騎手の±2馬が3着以内
21年は1番人気グランアレグリアが堂々の優勝！

18 年	＋2馬リスグラシュー	2着
21 年	－2馬グランアレグリア	1着
22 年	＋2馬レシステンシア	3着
23 年	＋2馬ソングライン	1着

※ 10 年から継続中。19、20、24 年は同騎手の騎乗ナシ。

松岡正海騎手の±3馬が3着以内
騎乗数が少ないのが玉にキズ

22 年	＋3馬ファインルージュ	2着
23 年	－3馬ソングライン	1着

※ 11 年から継続中。24 年は同騎手の騎乗ナシ。

GI オークス

2025年5月25日　東京芝2400m（3歳牝馬）

当たり馬番は連動する！

正逆 4番 7番

天皇賞（秋）	オークス
2020年【正9番】1着 ➡	2021年【正9番】ユーバーレーベン　　1着
2021年【正1番】2着 ➡	2022年【逆1番】スターズオンアース　1着
2022年【正7番】1着 ➡	2023年【逆7番】ハーパー　　　　　　2着
2023年【正7番】1着 ➡	2024年【逆7番】チェルヴィニア　　　1着
2024年【正7番】1着 【正4番】2着	➡ 2025年【正逆4番、7番】

2024年 オークス	1着⑫チェルヴィニア	（2番人気）	馬連 590 円
	2着⑦ステレンボッシュ	（1番人気）	3連複 1690 円
	3着⑭ライトバック	（3番人気）	3連単 8060 円

注目サイン！

前走フローラS・桜花賞各3着馬か、その隣馬が3着以内
23年は15番人気ドゥーラ3着、3連単3万馬券！

18年	リリーノーブル	（桜花賞3着）	自身	2着
19年	ジョディー	（フローラS3着）	隣馬クロノジェネシス	3着
	クロノジェネシス	（桜花賞3着）	自身	3着
20年	スマイルカナ	（桜花賞3着）	隣馬ウインマイティー	3着
21年	ユーバーレーベン	（フローラS3着）	自身	1着
23年	ペリファーニア	（桜花賞3着）	隣馬ドゥーラ	3着
24年	ライトバック	（桜花賞3着）	自身	3着

※16年から継続中。22年は該当馬の出走ナシ。

前走3番人気馬か、その隣馬が3着以内
24年は2番人気チェルヴィニア優勝、単勝460円

18年	リリーノーブル	自身	2着
19年	クロノジェネシス	自身	3着
20年	ウインマイティー	自身	3着
21年	ハギノピリナ	隣馬ユーバーレーベン	1着
22年	ウォーターナビレラ	隣馬スターズオンアース	1着
23年	ハーパー	自身	2着
24年	ヴィントシュティレ	隣馬チェルヴィニア	1着

※他に「3番人気馬の隣枠が連対中」も継続中。

馬名頭文字か末尾「ア」馬か、その隣馬が3着以内
22年は10番人気スタニングローズ2着、馬連8150円！

15年	<u>ア</u>ンドリエッテ	隣馬ルージュバック	2着
16年	<u>ア</u>ウェイク	隣馬シンハライト	1着
17年	<u>ア</u>ドマイヤミヤビ	自身	3着
18年	<u>ア</u>ーモンドアイ	自身	1着
19年	ウィクトーリ<u>ア</u>	隣馬ラヴズオンリーユー	1着
20年	<u>ア</u>ブレイズ	隣馬デアリングタクト	1着
21年	<u>ア</u>カイトリノムスメ	自身	2着
22年	<u>ア</u>ートハウス	隣馬スタニングローズ	2着
23年	キミノナハマリ<u>ア</u>	隣馬リバティアイランド	1着
24年	チェルヴィニ<u>ア</u>	自身	1着

注目サイン！

C・ルメール騎手の枠が連対中
自身騎乗がほとんどだが、17年はワンツーで枠連2280円

17 年	ソウルスターリング	1着
	モズカッチャン	2着
18 年	アーモンドアイ	1着
20 年	ウインマリリン	2着
21 年	アカイトリノムスメ	2着
22 年	スターズオンアース	1着
23 年	ハーパー	2着
24 年	チェルヴィニア	1着

※ 19 年は同騎手の騎乗ナシ。

武豊騎手の隣枠が3着以内
22年はスターズオンアース優勝、二冠達成

18 年	－1枠リリーノーブル	2着
19 年	－1枠クロノジェネシス	3着
20 年	－1枠ウインマイティー	3着
21 年	＋1枠アカイトリノムスメ	2着
22 年	－1枠スターズオンアース	1着
23 年	＋1枠ハーパー	2着
24 年	－1枠チェルヴィニア	1着

※ 07 年から継続中。他に「田辺裕信騎手の±2枠が連対中」も継続中。

馬名頭文字か末尾「ウ」馬か、その隣馬が連対中
特に「ウィ、ウイ、ヴィ」馬名にはご注意を

19 年	ウィクトーリア	隣馬ラヴズオンリーユー	1着
	ウインゼノビア	隣馬カレンブーケドール	2着
20 年	ウインマリリン	自身	2着
21 年	ウインアグライア	隣馬アカイトリノムスメ	2着
22 年	ウォーターナビレラ	隣馬スターズオンアース	1着
24 年	ヴィントシュティレ	隣馬チェルヴィニア	1着

※「ヴ」も対象。23 年は該当馬の出走ナシ。

GI 日本ダービー

2025年6月1日　東京芝2400m（3歳）

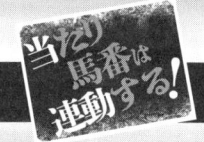

当たり馬番は連動する！

正逆 2番7番

富士S	日本ダービー	
2020年【逆8番】1着 ➡	2021年【逆8番】シャフリヤール	1着
2021年【逆1番】2着 ➡	2022年【逆1番】イクイノックス	2着
2022年【逆7番】1着 ➡	2023年【逆7番】タスティエーラ	1着
2023年【逆4番】2着 ➡	2024年【逆4番】ジャスティンミラノ	2着
2024年【逆2番】1着 　　　【逆7番】2着	➡ 2025年【正逆2番、7番】	

2024年 日本 ダービー	1着⑤ダノンデサイル　（9番人気）	馬連 6860円
	2着⑮ジャスティンミラノ（1番人気）	3連複 21250円
	3着⑬シンエンペラー　（7番人気）	3連単 229910円

注目サイン！

スプリングS1着馬の±3枠が3着以内
2着ナシ、1着か3着の極端な傾向

18 年	−3枠コズミックフォース	3着
19 年	−3枠ヴェロックス	3着
20 年	−3枠コントレイル	1着
21 年	−3枠ステラヴェローチェ	3着
22 年	＋3枠ドウデュース	1着
23 年	＋3枠タスティエーラ	1着
24 年	−3枠ダノンデサイル	1着

プリンシパルS1着馬の±2枠が連対中
こちらは3着ナシの美味しいセオリー

18 年	＋2枠エポカドーロ	2着
20 年	＋2枠サリオス	2着
21 年	＋2枠シャフリヤール	1着
22 年	−2枠ドウデュース	1着
23 年	−2枠タスティエーラ	1着
24 年	−2枠ダノンデサイル	1着

※ 19 年は該当馬の出走ナシ。

馬名末尾「ス」か「ル」馬が3着以内
近6年は連対中、24年は馬連6860円！

17 年	アドミラブ<u>ル</u>	3着
18 年	コズミックフォー<u>ス</u>	3着
19 年	ロジャーバロー<u>ズ</u>	1着
20 年	コントレイ<u>ル</u>	1着
21 年	シャフリヤー<u>ル</u>	1着
22 年	ドウデュー<u>ス</u>	1着
23 年	ソールオリエン<u>ス</u>	2着
24 年	ダノンデサイ<u>ル</u>	1着

※「ズ」も対象。

注目サイン！

C・ルメール騎手の±15馬が3着以内
近5年はいずれも－15馬が激走中！

18年	＋15馬エポカドーロ	2着
20年	－15馬ヴェルトライゼンデ	3着
21年	－15馬エフフォーリア	2着
22年	－15馬アスクビクターモア	3着
23年	－15馬ソールオリエンス	2着
24年	－15馬ダノンデサイル	1着

※ 19年は同騎手の騎乗ナシ。

横山典弘騎手の±10馬が3着以内
21年は9番人気ステラヴェローチェ3着、3連単5万馬券！

20年	＋10馬ヴェルトライゼンデ	3着
21年	－10馬ステラヴェローチェ	3着
22年	－10馬イクイノックス	2着
23年	－10馬タスティエーラ	1着
24年	－10馬シンエンペラー	3着

1番人気馬か、その隣馬が連対中
20年は1、2番人気ワンツーで馬連270円

19年	サートゥルナーリア	隣馬ダノンキングリー	2着
20年	コントレイル	自身	1着
		隣馬サリオス	2着
21年	エフフォーリア	自身	2着
22年	ダノンベルーガ	隣馬ドウデュース	1着
23年	ソールオリエンス	自身	2着
24年	ジャスティンミラノ	自身	2着

戸崎圭太騎手の－36馬か－37馬が連対中
23年は自身騎乗のジャスティンミラノが2着

21年	－36馬ステラヴェローチェ	3着
	－37馬シャフリヤール	1着
23年	－37馬タスティエーラ	1着
24年	－36馬ジャスティンミラノ	2着

※ 18年から継続中。22年は同騎手の騎乗ナシ。

GI 安田記念

2025年6月8日　東京芝1600m（3歳上）

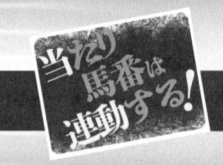

正逆　3番7番

ニュージーランドT	安田記念
2020年【正11番】1着 ➡	2021年【正11番】ダノンキングリー　1着
2021年【正6番】1着 ➡	2022年【逆6番】ソングライン　　　　1着
2022年【正1番】2着 ➡	2023年【逆1番】ソングライン　　　　1着
2023年【正5番】1着 ➡	2024年【正5番】ナミュール　　　　　2着
2024年【正7番】1着 【正3番】2着	➡ 2025年【正逆3番、7番】

2024年 安田記念	1着⑦ロマンチックウォリアー（1番人気）	馬連 2850 円
	2着⑤ナミュール（4番人気）	3連複 3280 円
	3着⑩ソウルラッシュ（2番人気）	3連単 17740 円

注目サイン！

正逆5番か10番が3着以内
23年以外は連対の偉大なるロングラン・セオリー

13 年	正 10 番ロードカナロア	1着
14 年	正 10 番ジャスタウェイ	1着
15 年	逆 05 番ヴァンセンヌ	2着
16 年	逆 05 番モーリス	2着
17 年	逆 05 番サトノアラジン	1着
18 年	正 10 番モズアスコット	1着
19 年	正 05 番インディチャンプ	1着
20 年	正 05 番アーモンドアイ	2着
21 年	正 05 番グランアレグリア	2着
22 年	逆 10 番シュネルマイスター	2着
23 年	逆 05 番シュネルマイスター	3着
24 年	正 05 番ナミュール	2着

三浦皇成騎手の隣枠が3着以内
今のところ、すべて－1枠

10 年	－1枠ショウワモダン	1着
11 年	－1枠ストロングリターン	2着
14 年	－1枠ジャスタウェイ	1着
20 年	－1枠グランアレグリア	1着
23 年	－1枠シュネルマイスター	3着
24 年	－1枠ソウルラッシュ	3着

※ 12、13、15 ～ 19、21、22 年は同騎手の騎乗ナシ。

マイラーズC1着馬か、その隣馬が3着以内
22年は4番人気ソングラインが快勝！単勝820円

19 年	ダノンプレミアム	隣馬アーモンドアイ	3着
20 年	インディチャンプ	自身	3着
21 年	ケイデンスコール	隣馬ダノンキングリー	1着
22 年	ソウルラッシュ	隣馬ソングライン	1着
23 年	シュネルマイスター	自身	3着
24 年	ソウルラッシュ	自身	3着

注目サイン！

1番人気馬か、その隣馬が3着以内
こちらもロングラン、近年は圧倒的に自身が強い

15 年	モーリス	自身	1着
16 年	モーリス	自身	2着
17 年	イスラボニータ	隣馬サトノアラジン	1着
		隣馬ロゴタイプ	2着
18 年	スワーヴリチャード	自身	3着
19 年	アーモンドアイ	自身	3着
20 年	アーモンドアイ	自身	2着
21 年	グランアレグリア	自身	2着
22 年	イルーシヴパンサー	隣馬シュネルマイスター	2着
23 年	シュネルマイスター	自身	3着
24 年	ロマンチックウォリアー	自身	1着

※ 13 年から継続中。他に「前走2番人気馬か、その隣馬が3着以内」も継続中。

C・ルメール騎手の枠が3着以内
近年は1着ナシで2, 3着のヒモ傾向

15 年	クラレント	3着
17 年	サトノアラジン	1着
18 年	モズアスコット	1着
19 年	アーモンドアイ	3着
20 年	アーモンドアイ	2着
21 年	グランアレグリア	2着
22 年	シュネルマイスター	2着
23 年	シュネルマイスター	3着
24 年	ソウルラッシュ	3着

※ 16 年は同騎手の騎乗ナシ。

D・レーン騎手の＋10馬が3着以内
25年の来日はあるか？

19 年	＋ 10 馬アエロリット	2着
20 年	＋ 10 馬グランアレグリア	1着
22 年	＋ 10 馬シュネルマイスター	2着
23 年	＋ 10 馬シュネルマイスター	3着

※ 21、24 年は同騎手の騎乗ナシ。

GⅠ 宝塚記念

2025年6月15日　阪神芝2200m（3歳上）

当たり馬番は連動する！

正逆 5番 7番

函館2歳S	宝塚記念
2020年【正13番】1着 ➡	2021年【逆13番】ユニコーンライオン　2着
2021年【正6番】2着 ➡	2022年【正6番】タイトルホルダー　　　1着
2022年【正12番】1着 ➡	2023年【逆12番】スルーセブンシーズ　2着
2023年【正9番】2着 ➡	2024年【正9番】ソールオリエンス　　　2着
2024年【正7番】1着 【正5番】2着	➡ 2025年【正逆5番、7番】

13 桃 8	12	11 橙 7	10	9 緑 6	8	7 黄 5	6	5 青 4	4	赤 3	黒 2	白 1
ルージュエヴァイユ	ブローザホーン	ヤマニンサンパ	ローシャムパーク	ソールオリエンス	カラテ	プラダリア	ヒートオンビート	ディープボンド	ドウデュース	ベラジオオペラ	ジャスティンパレス	シュトルーヴェ
牝5 56	牡4 58	牡6 58	牡5 58	牡4 58	牡8 58	牡6 58	牡7 58	牡7 58	牡5 58	牡4 58	牡5 58	牡5 58
川田	菅原明	団野	戸崎圭	横山武	岩田望	池添	坂井	幸	武豊	横山和	ルメール	レーン
6950	11,050	1800	11,900	19,500	12,200	9550	8050	27,600	43,900	17,000	23,750	8600
19,700	25,945	6447	25,594	44,900	25,480	25,490	28,421	73,296	101,221	38,470	68,452	19,002

2024年 宝塚記念	1着⑫ブローザホーン　（3番人気）	馬連 4890円
	2着⑨ソールオリエンス　（7番人気）	3連複 16020円
	3着③ベラジオオペラ　（5番人気）	3連単 91680円

注目サイン！

正逆12番が3着以内
23年は10番人気スルーセブンシーズ2着、馬連2340円

19 年	正 12 番リスグラシュー	1着
	逆 12 番キセキ	2着
20 年	正 12 番モズベッロ	3着
21 年	逆 12 番レイパパレ	3着
22 年	逆 12 番デアリングタクト	3着
23 年	逆 12 番スルーセブンシーズ	2着
24 年	正 12 番ブローザホーン	1着

前走天皇賞（春）最先着馬の±17馬が3着以内
20年はワンツー、馬連3410円

20 年	スティッフェリオ	－ 17 馬クロノジェネシス	1着
		＋ 17 馬キセキ	2着
21 年	カレンブーケドール	＋ 17 馬ユニコーンライオン	2着
22 年	タイトルホルダー	－ 17 馬デアリングタクト	3着
23 年	ジャスティンパレス	± 17 馬ジャスティンパレス	3着
24 年	ブローザホーン	＋ 17 馬ベラジオオペラ	3着

※ 23 年は自身が該当。

馬名頭文字か末尾「ス」馬か、その隣馬が3着以内
23年は⑤イクイノックス、⑥スルーセブンシーズでダブル該当

18 年	ノーブルマー<u>ズ</u>	自身3着
19 年	<u>ス</u>ワーヴリチャード	自身3着
20 年	クロノジェネシ<u>ス</u>	自身1着
21 年	クロノジェネシ<u>ス</u>	自身1着
22 年	ヒシイグア<u>ス</u>	自身2着
23 年	イクイノック<u>ス</u>	自身1着
		隣馬2着
	<u>ス</u>ルーセブンシーズ	隣馬1着
		自身2着
24 年	ソールオリエン<u>ス</u>	自身2着

※「ズ」も対象。

注目サイン！

川田将雅騎手の±12馬が3着以内
今のところ＋12馬が馬券になっている

19 年	＋12 馬キセキ	2着
20 年	＋12 馬モズベッロ	3着
21 年	＋12 馬ユニコーンライオン	2着
23 年	＋12 馬ジャスティンパレス	3着
24 年	＋12 馬ブローザホーン	1着

※ 22 年は同騎手の騎乗ナシ。他に「幸英明騎手の±93馬が3着以内」も継続中。

前走5番人気馬か、その隣馬が3着以内
24年はワンツー、馬連4890円

20 年	モズベッロ	自身	3着
21 年	キセキ	隣馬ユニコーンライオン	2着
22 年	デアリングタクト	自身	3着
23 年	ボッケリーニ	隣馬イクイノックス	1着
24 年	ブローザホーン	自身	1着
	ソールオリエンス	自身	2着

池添謙一騎手の±2枠が3着以内
ほとんど＋2枠が馬券に絡んでいる

20 年	＋2枠クロノジェネシス	1着
21 年	＋2枠ユニコーンライオン	2着
23 年	＋2枠ジャスティンパレス	3着
24 年	－2枠ベラジオオペラ	3着

※ 15 年から継続中。22 年は同騎手の騎乗ナシ。

馬名頭文字か末尾「ト」馬の隣馬が3着以内
24年は5番人気ベラジオオペラが3着、3連単9万馬券！

20 年	ダンビュライ<u>ト</u>	隣馬キセキ	2着
		隣馬モズベッロ	3着
22 年	デアリングタク<u>ト</u>	隣馬タイトルホルダー	1着
		自身	3着
23 年	ディープボン<u>ド</u>	隣馬ジャスティンパレス	3着
24 年	<u>ド</u>ウデュース	隣馬ベラジオオペラ	3着

※ 「ド」も対象。19 年から継続中。

GI スプリンターズS

当たり馬番は連動する！

2025年9月28日　中山芝1200m（3歳上）

正逆　5番　11番

七夕賞	スプリンターズS	
2020年【正13番】2着 ➡	2021年【逆13番】ピクシーナイト	1着
2021年【逆15番】2着 ➡	2022年【逆15番】ジャンダルム	1着
2022年【逆11番】2着 ➡	2023年【逆11番】ママコチャ	1着
2023年【逆13番】2着 ➡	2024年【正13番】ルガル	1着
2024年【正11番】2着 【逆5番】2着	➡ 2025年【正逆5番、11番】	

2024年	1着⑬ルガル	（9番人気）	馬連 15840 円
スプリン	2着②トウシンマカオ	（5番人気）	3連複 36810 円
ターズS	3着⑤ナムラクレア	（4番人気）	3連単 299070 円

注目サイン！

当年高松宮記念連対馬が3着以内
同じスプリントGⅠならでは……

20年	グランアレグリア	1着	（高松宮記念2着）
21年	レシステンシア	2着	（高松宮記念2着）
22年	ナランフレグ	3着	（高松宮記念1着）
23年	ナムラクレア	3着	（高松宮記念2着）
24年	ナムラクレア	3着	（高松宮記念2着）

前年3着馬番か、その隣馬番が3着以内
25年は④、⑤、⑥番に注目したい

18年	3着①番	→	19年	②番ダノンスマッシュ	3着
19年	3着②番	→	20年	③番ダノンスマッシュ	2着
20年	3着⑯番	→	21年	①番シヴァージ	3着
21年	3着①番	→	22年	②番ジャンダルム	1着
22年	3着⑥番	→	23年	⑥番ママコチャ	1着
23年	3着①番	→	24年	②番トウシンマカオ	2着
24年	3着⑤番	→	25年	④番、⑤番、⑥番が候補	

前走2着馬の隣馬が3着以内
22年は7番人気ウインマーベル2着、馬連万馬券！

20年	モズスーパーフレア	隣馬ダノンスマッシュ	2着
21年	ファストフォース	隣馬ピクシーナイト	1着
22年	ファストフォース	隣馬ウインマーベル	2着
23年	アグリ	隣馬マッドクール	2着
24年	ママコチャ	隣馬ナムラクレア	3着

※16年から継続中。

戸崎圭太騎手の隣枠が3着以内
24年は9番人気ルガル優勝、単勝2850円！

18年	＋1枠ラインスピリット	3着
21年	－1枠レシステンシア	2着
23年	＋1枠ママコチャ	1着
24年	＋1枠ルガル	1着

※14年から継続中。19、20、22年は同騎手の騎乗ナシ。

注目サイン！

C・ルメール騎手の±3枠が3着以内
21年は10番人気シヴァージ3着、3連単3万馬券

18年	−3枠ラブカンプー	2着
19年	−3枠ダノンスマッシュ	3着
20年	−3枠ダノンスマッシュ	2着
21年	＋3枠シヴァージ	3着
24年	＋3枠ナムラクレア	3着

※ 22、23年は同騎手の騎乗ナシ。

正逆1番か2番が3着以内
24年は5番人気トウシンマカオ2着、馬連万馬券！

16年	逆2番ミッキーアイル	2着
17年	正2番レッツゴードンキ	2着
18年	正1番ラインスピリット	3着
19年	正2番ダノンスマッシュ	3着
20年	逆1番アウィルアウェイ	3着
21年	正1番シヴァージ	3着
22年	正2番ジャンダルム	1着
23年	正1番ナムラクレア	3着
24年	正2番トウシンマカオ	2着

※ 13年から継続中。

馬名頭文字か末尾「ス」馬か、その隣馬が3着以内
意外なロングラン？25年も期待したい

13年	スギノエンデバー	隣馬ロードカナロア	1着
14年	スノードラゴン	自身	1着
15年	ストレイトガール	自身	1着
16年	レッドファルクス	自身	1着
17年	レッドファルクス	自身	1着
18年	レッドファルクス	隣馬ラインスピリット	3着
19年	アレスバローズ	隣馬ダノンスマッシュ	3着
20年	ダイメイプリンセス	隣馬アウィルアウェイ	3着
21年	ファストフォース	隣馬ピクシーナイト	1着
22年	ファストフォース	隣馬ウインマーベル	2着
23年	オールアットワンス	隣馬ママコチャ	1着

※ 「ズ」も対象。24年は該当馬の出走ナシ。

――――――第3章

2025年日経賞〜しらぎS

GⅡ・GⅢ【連対馬】的中予言

GⅡ 日経賞

2025年3月29日　中山芝2500m（4歳上）

当たり馬番は連動する！

正逆 4番7番

天皇賞（秋）	日経賞	
2020年【正9番】1着	➡ 2021年【逆9番】カレンブーケドール	2着
2021年【正5番】1着	➡ 2022年【逆5番】タイトルホルダー	1着
2022年【正7番】1着	➡ 2023年【逆7番】ボッケリーニ	2着
2023年【正6番】2着	➡ 2024年【正6番】シュトルーヴェ	1着
2024年【正7番】1着 【正4番】2着	➡ 2025年【正逆4番、7番】	

	10 桃 8	9	8 橙 7	6 緑 6	黄 5	青 4	赤 3	黒 2	白 1
馬名	イリュミナンス 4勝① クロミナンス	ロードカナロア⑭ ポップコーンジャズ 1勝① ボッケリーニ	アドマイヤムーン⑭ モーリス マ3勝① アドマイヤハレー	サクセスストレイン3勝① ウインエアフォルク	アンチュラス2勝① ゴールドシップ⑭ シュトルーヴェ	キングカメハメハ⑭ マイネルボヌール4勝① マイネルウィルトス	スクリーンヒーロー⑭ トレサンセール未出① サザンナイツ	キョウエイトルース3勝① モーリス⑭ ホウオウリアリティ	サラトガヴィーナス2勝① ハーツクライ⑭ マテンロウレオ	キングカメハメハ⑭ マルセリーナ4勝① ヒートオンビート
	鹿 57 牡7	栗 57 牡8	青鹿 57 牡6	鹿 57 牡6	鹿毛 57 騸5	鹿 57 牡6	黒鹿 57 騸5	栗 57 牡6	青鹿 57 牡5	鹿 58 牡7
	戸崎圭	浜　中	丹　内	原	鮫島駿	横山武	津　村	大　野	横山典	石　川
	尾　関	池江寿	宮　田	根　本	堀	栗田	栗田	高　木	栗　昆	友　道
	2400	17,750	2400	1170	2400	8100	1500	2400	5900	8050
	7690	42,320	7766	4816	6602	25,355	3442	7275	17,560	28,421
	サンデーR	金子真人HD	近藤旬子	或富直行	村木克子	ラフィアン	ジャコモ	小笹芳央	寺田千代乃	社台RH
	白老F	ノーザンF	ノーザンF	コスモヴューF	追分F	ビッグレッドF	社台F	岡田S	猷庵牧場	社台F

2024年 日経賞	1着⑥シュトルーヴェ　（4番人気）	馬連 1420 円
	2着⑩クロミナンス　（2番人気）	3連複 2260 円
	3着⑤マイネルウィルトス（3番人気）	3連単 15370 円

注目サイン！

ATTENTION 1番人気馬の－2枠が3着以内
24年は4番人気シュトルーヴェが優勝

18 年	－2枠サクラアンプルール	3着
19 年	－2枠サクラアンプルール	3着
20 年	－2枠モズベッロ	2着
21 年	－2枠ワールドプレミア	3着
22 年	－2枠ボッケリーニ	2着
23 年	－2枠ボッケリーニ	2着
24 年	－2枠シュトルーヴェ	1着

ATTENTION 丹内祐次騎手の－2枠が3着以内
23年は5番人気ボッケリーニ2着、馬連2140円

20 年	－2枠ミッキースワロー	1着
21 年	－2枠ワールドプレミア	3着
22 年	－2枠タイトルホルダー	1着
23 年	－2枠ボッケリーニ	2着
24 年	－2枠マイネルウィルトス	3着

 前走①番ゲート馬の隣馬が1着継続中
比較的、上位人気揃いも美味しいデータ！

19 年	ゴーフォザサミット	隣馬メイショウテッコン	1着
20 年	アイスバブル	隣馬ミッキースワロー	1着
23 年	コトブキテティス	隣馬ウインマリリン	1着
24 年	マイネルウィルトス	隣馬シュトルーヴェ	1着

※ 21、22 年は該当馬の出走ナシ。

 前走5着馬か、その隣馬が3着以内
22年はワンツーで馬連840円

21 年	カレンブーケドール	自身	2着
	ワールドプレミア	自身	3着
22 年	タイトルホルダー	自身	1着
	ワイドエンペラー	隣馬ボッケリーニ	2着
24 年	マイネルウィルトス	隣馬シュトルーヴェ	1着
		自身	3着

※ 19 年から継続中。23 年は該当馬の出走ナシ。

GⅢ 毎日杯

2025年3月29日　阪神芝1800m（3歳）

当たり馬番は連動する！

正逆 1番2番

アルテミスS	毎日杯	
2020年【正6番】2着	➡ 2021年【正6番】シャフリヤール	1着
2021年【正7番】1着	➡ 2022年【逆7番】ピースオブエイト	1着
2022年【正3番】2着	➡ 2023年【正3番】シーズンリッチ	2着
2023年【正4番】1着	➡ 2024年【正4番】メイショウタバル	1着
2024年【正2番】1着 【正1番】2着	➡ **2025年【正逆1番、2番】**	

	⑩桃⑧	⑨	⑧橙⑦	⑦	緑⑥	黄⑤	青④	赤③	黒②	白①
馬名	サトノシュトラーセ	ニュージーズ	ファーヴェント	スマートワイズ	ナイトスラッガー	トラジェクトワール	メイショウタバル	ベラジオボンド	ルシフェル	ノーブルロジャー
	ジャスタウェイ ワンダーオブリップス ③使	ミュージカルウェイ ④仏 リアルスティール	ロードカナロア トータルヒート ⑤勝母 ハーツクライ	スマートレイアー ⑨勝母 ルーラーシップ	ハーツクライ ホウアマボーロ ⑥勝母 トーセンシップ	シャイニングレイ ③勝母 モーリス	メイショウツバクロ ②勝母 ゴールドシップ	ダンシングデスティニー ③工母 ロードカナロア	アルリフレッシュ ⑧米母 ハーツクライ	ノーブルレディ ④米母 パレスマリス
	鹿 57 牡3	鹿 57 牡3	芦 57 牡3	鹿 57 牡3	黒鹿 57 牡3	鹿 57 牡3	鹿 57 牡3	鹿 57 牡3	鹿 55 牝3	黒鹿 57 牡3
	ルメール	藤岡康	武 豊	栗大久保龍	栗藤原英	栗池 添	栗小 栗	栗岩 田望	ムルザバエフ	栗川 田
	木 村	藤友				栗石 橋	関 尾	上 村	栗斉藤崇	栗吉 岡
	400	900	400	400	400	400	900	400	1200	2450
	720	2740	400	1670	622	1785	720	720	2540	4820
	シルクR	里 見 治	大 川 徹	キャロットF	東豊物産	松本好雄	林田祥来	キャロットF	ノルマンディーTR	アメリカ
	安ノーザンF	安追分F	安白老F	安ノーザンF	安竹島牧場	三嶋牧場	安社台F	安ノーザンF		

2024 年 毎日杯	1着④メイショウタバル（5番人気）	馬連 1360 円
	2着①ノーブルロジャー（1番人気）	3連複 2550 円
	3着③ベラジオボンド（4番人気）	3連単 18880 円

注目サイン！

正逆24番が連対中
素晴らしい！4年連続1着

21 年	正 24 番シャフリヤール	1着
22 年	正 24 番ピースオブエイト	1着
23 年	逆 24 番シーズンリッチ	1着
24 年	正 24 番メイショウタバル	1着

正逆34番が連対中
今のところ正34番の1頭指名

21 年	正 34 番グレートマジシャン	2着
22 年	正 34 番ピースオブエイト	1着
23 年	正 34 番ノッキングポイント	2着
24 年	正 34 番メイショウタバル	1着

前走⑤番ゲート馬か、その隣馬が3着以内
24年は5番人気メイショウタバルが1着

20 年	サトノインプレッサ	自身	1着
21 年	ダディーズビビッド	隣馬シャフリヤール	1着
22 年	ベジャール	自身	2着
23 年	ドットクルー	自身	3着
24 年	メイショウタバル	自身	1着

川田将雅騎手の±27馬が3着以内
＋、ー27馬が交互に馬券になっている

16 年	＋ 27 馬アーバンキッド	2着
17 年	ー 27 馬キセキ	3着
18 年	＋ 27 馬ブラストワンピース	1着
19 年	ー 27 馬ウーリリ	2着
21 年	＋ 27 馬シャフリヤール	1着
24 年	ー 27 馬メイショウタバル	1着

※ 20、22、23 年は同騎手の騎乗ナシ。他に「池添謙一騎手の±2馬が3着以内」も継続中。

GIII マーチS

2025年3月30日　中山ダ1800m（4歳上）

当たり馬番は連動する！

正逆 2番5番

宝塚記念	マーチS	
2020年【逆3番】1着 ➡	2021年【正3番】レピアーウィット	1着
2021年【逆7番】1着 ➡	2022年【逆7番】ケンシンコウ	2着
2022年【逆9番】2着 ➡	2023年【逆9番】ウィリアムバローズ	2着
2023年【逆13番】1着 ➡	2024年【正13番】ミトノオー	2着
2024年【逆2番】1着 　　　【逆5番】2着	➡ 2025年【正逆2番、5番】	

	1着①ヴァルツァーシャル	（7番人気）	馬連 4570 円
2024 年 マーチS	2着⑬ミトノオー	（4番人気）	3連複 13130 円
	3着⑭ペイシャエス	（2番人気）	3連単 102040 円

注目サイン！

ハンデ57.5キロ馬か、その隣馬が連対中
24年は4番人気ミトノオーが2着、馬連4570円

17 年	インカンテーション	自身	1着
18 年	ロンドンタウン	隣馬クインズサターン	2着
19 年	ロンドンタウン	自身	2着
20 年	クリンチャー	自身	2着
21 年	ナカムラカメタロー	隣馬ヒストリーメイカー	2着
22 年	カデナ	隣馬メイショウハリオ	1着
23 年	ウィリアムバローズ	自身	2着
24 年	ミトノオー	自身	2着

正逆28番が連対中
24年は7番人気ヴァルツァーシャル1着、単勝1140円

21 年	正 28 番ヒストリーメイカー	2着
22 年	正 28 番メイショウハリオ	1着
23 年	正 28 番ハヤブサナンデクン	1着
24 年	逆 28 番ヴァルツァーシャル	1着

馬名末尾「ス」馬か、その隣馬が3着以内
22年は隣馬ケンシンコウ12番人気で激走！

20 年	スワーヴアラミス	自身	1着
21 年	シネマソングス	隣馬メモリーコウ	3着
22 年	アナザートゥルース	隣馬ケンシンコウ	2着
23 年	ウィリアムバローズ	自身	2着
24 年	ペイシャエス	自身	3着

※「ズ」も対象。

津村明秀騎手の±3枠が3着以内
23年は13番人気キタノヴィジョン3着、3連単8万馬券！

20 年	－3枠クリンチャー	2着
21 年	－3枠レピアーウィット	1着
22 年	＋3枠ケンシンコウ	2着
23 年	－3枠キタノヴィジョン	3着
24 年	＋3枠ミトノオー	2着

GIII ダービー卿CT

2025年4月5日　中山芝1600m（4歳上）

当たり馬番は連動する！

正逆 1番6番

CBC賞	ダービー卿CT	
2020年【正6番】2着 ➡	2021年【逆6番】カテドラル	2着
2021年【正3番】1着 ➡	2022年【正3番】タイムトゥヘヴン	1着
2022年【正8番】2着 ➡	2023年【正8番】インダストリア	2着
2023年【正10番】1着 ➡	2024年【正10番】エエヤン	2着
2024年【正1番】1着 　　　【正6番】2着	➡ 2025年【正逆1番、6番】	

2024年	1着②パラエルヴィジョン	（2番人気）	馬連 6460円
ダービー卿	2着⑩エエヤン	（8番人気）	3連複 15740円
CT	3着⑤アスクコンナモンダ	（5番人気）	3連単 91710円

注目サイン！

1枠、2枠が3着以内
3着は一度だけ、連対濃厚のセオリー

19 年	1枠フィアーノロマーノ	1着
20 年	2枠クルーガー	1着
21 年	1枠ボンセルヴィーソ	3着
22 年	2枠タイムトゥヘヴン	1着
23 年	2枠ジャスティンカフェ	2着
24 年	1枠パラレルヴィジョン	1着

※ 17 年から継続中。

トップハンデ馬の±2枠が連対中
23年以外は1着の強力セオリー

19 年	－2枠	1枠フィアーノロマーノ	1着
20 年	＋2枠	2枠クルーガー	1着
21 年	＋2枠	5枠テルツェット	1着
22 年	－2枠	2枠タイムトゥヘヴン	1着
23 年	＋2枠	2枠ジャスティンカフェ	2着
24 年	－2枠	1枠パラレルヴィジョン	1着

※ 16 年から継続中。

前年1番人気馬の枠の隣枠が1着継続中
25年は3枠、5枠に要注意

21 年	前年1番人気馬4枠 →	5枠テルツェット	1着
22 年	前年1番人気枠1枠 →	2枠タイムトゥヘヴン	1着
23 年	前年1番人気枠5枠 →	4枠インダストリア	1着
24 年	前年1番人気枠2枠 →	1枠パラレルヴィジョン	1着
25 年	前年1番人気枠4枠 →	3枠、5枠が候補	

石橋脩騎手の±2馬が3着以内
24年は5番人気アスクコンナモンダ3着、3連単9万馬券！

20 年	＋2馬レイエンダ	3着
22 年	－2馬タイムトゥヘヴン	1着
23 年	＋2馬ジャスティンカフェ	2着
24 年	＋2馬アスクコンナモンダ	3着

※ 21 年は同騎手の騎乗ナシ。

GIII チャーチルダウンズC
旧・アーリントンC

2025年4月5日　阪神芝1600m（3歳）

当たり馬番は連動する!

正逆 1番 12番

クイーンS		チャーチルダウンズC
2020年【正9番】2着	➡	2021年【正9番】ホウオウアマゾン　1着
2021年【正9番】1着	➡	2022年【逆9番】ダノンスコーピオン 1着
2022年【正4番】2着	➡	2023年【正4番】セッション　　　　2着
2023年【正2番】2着	➡	2024年【正2番】アレンジャー　　　2着
2024年【正12番】1着 　　　【正1番】2着	➡	2025年【正逆1番、12番】

データは前年までのアーリントンC

16 桃8 15	14 橙7 13	12 緑6 11	10 黄5 9	8 青4 7	6 赤3 5	4 黒2 3	2 白1 1
タガノデュード / ヤマカツエース⑩	ケイケイ / スウィーハース⑩	ジュンヴァンケット / ビクシーホロウ③	ワールズエンド / リラヴィラ⑩	タイキヴァンクール / エインシャント⑩	グローリーアテイン / ヴィクトワール⑥	シンドリームシン / アルビレオ⑩	アレンジャー / キーラーショット⑩
オフトレイル	ケイケイ	アスクワンタイム	トップオブザロック	チャンネルトンネル	シヴァース	ディスペランツァ	ポッドテオ
57牡3	57牡3	57牡3	57牡3	57牡3	57牡3	57牡3	57牡3
古川吉 武 豊	岩田康 岩田望	松若 川端	田中岳 幸	坂井 福永	松山 川田	浜中 中	モレイラ 横山武
400 900	900 400	2000 400	400 620	400 400	400 400	400 900	400 900
2523 2180	1880 550	3940 935	720 2315	920	1402	730 1402	1860 3230
2024年	1着③ディスペランツァ	（1番人気）	馬連 24930円
アーリントンC	2着②アレンジャー	（15番人気）	3連複 35950円
	3着⑦チャンネルトンネル	（4番人気）	3連単 211800円

注目サイン！

前走1着馬が3着以内
最もシンプルに狙えるセオリー

21 年	リッケンバッカー	2着
22 年	キングエルメス	3着
23 年	ショーモン	3着
24 年	ディスペランツァ	1着

※ 18 年から継続中。

坂井瑠星騎手の±5馬が連対中
24年は15番人気アレンジャー2着、馬連2万馬券！

20 年	－5馬タイセイビジョン	1着
21 年	＋5馬リッケンバッカー	2着
22 年	－5馬タイセイディバイン	2着
24 年	－5馬アレンジャー	2着

※ 23 年は同騎手の騎乗ナシ。

マル外馬の隣枠が3着以内
ここでも大穴馬アレンジャーを指名

19 年	フォッサマグナ	隣枠トオヤリトセイト	3着
20 年	トリプルエース	隣枠タイセイビジョン	1着
22 年	デュガ	隣枠ダノンスコーピオン	1着
23 年	ヤクシマ	隣枠ショーモン	3着
24 年	オフトレイル	隣枠アレンジャー	2着

※ 21 年は該当馬の出走ナシ。

馬名頭文字か末尾「オ」馬か、その隣馬が連対中
23年は5番人気オオバンブルマイが1着

19 年	オーパキャマラード	隣馬イベリス	1着
21 年	ジュリオ	隣馬リッケンバッカー	2着
22 年	ディオ	隣馬ダノンスコーピオン	1着
23 年	オオバンブルマイ	自身	1着
24 年	ポッドテオ	隣馬アレンジャー	2着

※ 20 年は該当馬の出走ナシ。

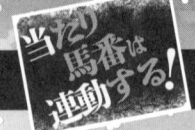

2025年4月12日　中山芝1600m（3歳）

正逆 4番 13番

ステイヤーズS		ニュージーランドT	
2020年【正11番】1着	➡	2021年【逆11番】バスラットレオン	1着
2021年【正11番】1着	➡	2022年【逆11番】ジャングロ	2着
2022年【正12番】2着	➡	2023年【逆12番】エエヤン	2着
2023年【正7番】1着	➡	2024年【正7番】エコロブルーム	1着
2024年【正4番】1着 【正13番】2着	➡	2025年【正逆4番、13番】	

16 桃8 15	14 橙7 13	12 緑6 11	10 黄5 9	8 青4 7	6 赤3 5	4 黒2 3	2 白1 1
パレード公⑯ サトミノキラリ⑮ ビッグアーサー⑯ スパークリシャール	スワーヴリチャード⑯ オーサムストローク⑯ エピファネイア⑯ ブライトマン	アドマイヤマーズ⑯ キャプテンシー⑯ フローラルダンサー② シャインズオンユー	ラストメッセージ⑯ エイムフォーエース⑯ キズナ⑯ デビッドテソーロ	シルヴァンシャー⑯ クリーンエア⑯ リアルインパクト② エコロブルーム	ダイワメジャー⑯ エンヤラヴフェイス⑯ キズナ⑯ ルージュエルテ	ユキノサンライズ⑯ ユキノロイヤル⑯ ディープインパクト⑯ ボンドガール	モーリス⑯ カズミクラーシュ⑯ シャンボールフェイズ② ドリーミングアップ
鹿 57 牝3	栗 57 牡3	鹿 57 牡3	鹿 57 牡3	鹿 57 牡3	黒鹿 55 牝3	鹿 55 牝3	鹿 57 牡3
内田博	田 辺	石 川	原	横山武	北村宏	石橋脩	菅原明
鈴木伸	伊藤圭	松永幹	森 泰	松 岡	加藤征	小野次	高橋文
900	400	400	900	1200	1150	900	400
1620	2020	960	1590	2330	2220	1558	1422
田代洋己	西見徹也	前田幸貴	加治浩一	ゴドルフィン	前田晋二	井上基之	古賀和夫
不問河牧場	歓迎牧場	社台F	千代田牧場		酒折牧場	勝 浦	宮内牧場

2024 年	1着⑦エコロブルーム	（3番人気）	馬連 830 円
ニュージー	2着③ボンドガール	（1番人気）	3連複 11050 円
ランドT	3着④ユキノロイヤル	（9番人気）	3連単 48790 円

注目サイン！

前走ワースト着順馬の±21馬が3着以内
23年は7番人気シャンパンカラー3着、3連単8万馬券！

19 年	ココフィーユ	－ 21 馬ワイドファラオ	1着
20 年	ペールエール	－ 21 馬ウイングレイテスト	3着
21 年	トーセンウォーリア	＋ 21 馬バスラットレオン	1着
22 年	ベルベッドブラボー	－ 21 馬ジャングロ	1着
23 年	ミシシッピテソーロ	－ 21 馬シャンパンカラー	3着
24 年	オーサムストローク	＋ 21 馬ボンドガール	2着

※ワースト着順馬は、単純に馬柱の前走欄で出走各馬の着順を比較し、最低の馬を選ぶ。

横山武史騎手の±3馬が3着以内
23年はワンツー、馬連3920円

21 年	－3馬バスラットレオン	1着
22 年	－3馬マテンロウオリオン	2着
23 年	＋3馬エエヤン	1着
	－3馬ウンブライル	2着
24 年	－3馬ユキノロイヤル	3着

三浦皇成騎手の±3枠が3着以内
今のところ＋3枠が馬券、1着もナシ

18 年	＋3枠デルタバローズ	3着
19 年	＋3枠ヴィッテルスバッハ	3着
23 年	＋3枠ウンブライル	2着
24 年	＋3枠ボンドガール	2着

※ 15 年から継続中。20 ～ 22 年は同騎手の騎乗ナシ。

大野拓弥騎手の隣枠が3着以内
近4年は騎乗なく、25年は……？

16 年	－1枠ダンツプリウス	1着
17 年	－1枠ジョーストリクトリ	1着
18 年	＋1枠カツジ	1着
19 年	－1枠ヴィッテルスバッハ	3着
20 年	＋1枠ルフトシュトローム	1着

※ 15 年から継続中。21 ～ 24 年は同騎手の騎乗ナシ。

GII 阪神牝馬S

2025年4月12日　阪神芝1600m（4歳上牝馬）

当たり馬番は連動する！

正逆 3番 14番

NHKマイルC	阪神牝馬S	
2020年【正3番】2着 ➡	2021年【逆3番】デゼル	1着
2021年【逆4番】1着 ➡	2022年【正4番】メイショウミモザ	1着
2022年【正1番】2着 ➡	2023年【正1番】サブライムアンセム	2着
2023年【正3番】2着 ➡	2024年【逆3番】ウンブライル	2着
2024年【正14番】2着 【逆3番】1着	➡ 2025年【正逆3番、14番】	

	白1	黒2	赤3	青4	黄5	緑6	7	橙7	8	9	桃8	10	11
	マスクトディーヴァ	ゴールドエクリプス	テンハッピーローズ	サブライムアンセム	シングザットソング	モリアーナ	ドゥアイズ	スピードキック	ウンブライル	モズゴールドバレル	ライラック		

馬	55 牝4	55 牝6	55 牝6	55 牝4	55 牝4	56 牝4	55 牝4	55 牝5	55 牝5	55 牝5	55 牝5		
騎手	モレイラ	岩田望	津　村	北村友	鮫島駿	横山典	武　豊	御茶本訓	川田	藤岡佑	戸崎圭		
	5700	2400	3800	4100	3000	3600	3150	8730	4700	2400	4850		
	11,020	7110	13,400	9050	7983	10,840	11,675	9700	13,980	7315			

2024年 阪神牝馬S	1着①マスクトディーヴァ	（1番人気）	馬連 870 円
	2着⑨ウンブライル	（4番人気）	3連複 2220 円
	3着⑥モリアーナ	（3番人気）	3連単 5890 円

注目サイン！

前走3番人気以内馬が1着継続中
23年は6番人気サウンドビバーチェ1着、単勝1380円

18 年	ミスパンテール	1着	（前走1番人気）
19 年	ミッキーチャーム	1着	（前走2番人気）
20 年	サウンドキアラ	1着	（前走1番人気）
21 年	デゼル	1着	（前走1番人気）
22 年	メイショウミモザ	1着	（前走3番人気）
23 年	サウンドビバーチェ	1着	（前走2番人気）
24 年	マスクトディーヴァ	1着	（前走1番人気）

川田将雅騎手自身か、その±2馬が3着以内
24年は自身騎乗の4番人気ウンブライルで連対

16 年	－2馬スマートレイアー	1着
18 年	－2馬ミスパンテール	1着
19 年	自身 ミッキーチャーム	1着
20 年	＋2馬スカーレットカラー	2着
21 年	自身 デゼル	1着
22 年	自身 デゼル	3着
23 年	＋2馬サウンドビバーチェ	1着
24 年	自身 ウンブライル	2着

※ 17 年は同騎手の騎乗ナシ。他に「岩田望来騎手の±4馬が3着以内」も継続中。

前年の2着馬番か、その隣馬番が連対中
25年は⑨番か、⑧番、⑩番が候補

19 年	2着⑭番	→	20 年	⑮スカーレットカラー	2着
20 年	2着⑮番	→	21 年	④マジックキャッスル	2着
21 年	2着④番	→	22 年	④メイショウミモザ	1着
22 年	2着②番	→	23 年	①ザブライムアンセム	2着
23 年	2着①番	→	24 年	①マスクトディーヴァ	1着
24 年	2着⑨番	→	25 年	⑨番か隣馬の⑧番、⑩番が候補	

※ 21 年の④番マジックキャッスルは、循環では⑯番にあたる。

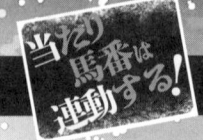

GIII アンタレスS

2025年4月19日 阪神ダ1800m（4歳上）

当たり馬番は連動する！

正逆 1番 10番

きさらぎ賞	アンタレスS
2020年【逆8番】1着 ➡	2021年【正8番】ヒストリーメイカー　2着
2021年【逆9番】2着 ➡	2022年【逆9番】オメガパフューム　1着
2022年【逆9番】2着 ➡	2023年【正9番】ヴァンヤール　2着
2023年【逆7番】1着 ➡	2024年【逆7番】ミッキーヌチバナ　1着
2024年【逆1番】1着 　　　【逆10番】2着	➡ 2025年【正逆1番、10番】

16 桃8 15	14 橙7 13	12 緑6 11	10 黄5 9	8 青4 7	6 赤3 5	4 黒2 3	2 白1 1
スレイマン ⑩	ケイアイパープル ⑭	トウセツ ⑪	クリノドラゴン ⑨	サヴァ ⑦	ホウオウルーレット ⑤	サトノロイヤル ③	ダノンマデイラ ①
キングカメハメハ ⑰ キンググローリー ⑰	バイオ ⑰ リーブ ⑰	⑰	⑰	⑰	⑰	⑰	⑰
ドナブリーニ ⑰	アルダン ⑰	⑰	⑰	⑰	⑰	⑰	⑰
栗 57牡4	鹿 57牡8	芦 57牡8	栗 58牡4	栗 57牡5	鹿 57牡8	辰 58牝6	鹿 58牡4
斉藤	亀田	酒井	国分優	松本幸	北村友	角田河	鮫島駿 岩田望
3600	9020	2400	2400	3600	5000	2400	9400
9657	20,108	8140	6630	8469	7760	8484	20,720

<table>
<tr><td>2024年
アンタレス
S</td><td>1着⑩ミッキーヌチバナ　（5番人気）
2着⑯スレイマン　　　　（3番人気）
3着①ハギノアレグリアス（1番人気）</td><td>馬連 2420円
3連複 2390円
3連単 21610円</td></tr>
</table>

注目サイン！

前走1着馬が連対中
24年は3番人気スレイマン2着、馬連2420円

18 年	グレイトパール	1着
19 年	グリム	2着
20 年	アナザートゥルース	2着
21 年	テーオーケインズ	1着
22 年	オメガパフューム	1着
23 年	プロミストウォリア	1着
24 年	スレイマン	2着

西暦奇数年は正逆4番が3着以内
25年も正逆4番が馬券になる？

07 年	正4番キクノアロー	2着
09 年	正4番ウォータクティクス	1着
11 年	逆4番バーディバーディ	3着
13 年	正4番ハートビートソング	3着
15 年	逆4番クリノスターオー	1着
17 年	正4番ロンドンタウン	2着
19 年	正4番グリム	2着
21 年	正4番テーオーケインズ	1着
23 年	逆4番プロミストウォリア	1着

前走①番ゲート馬か、その隣馬が連対中
24年は5番人気ミッキーヌチバナ1着、単勝890円

16 年	キングヒーロー	隣馬アウォーディー	1着
17 年	モルトベーネ	自身	1着
18 年	ナムラアラシ	隣馬グレイトパール	1着
20 年	モズアトラクション	隣馬アナザートゥルース	2着
21 年	アナザートゥルース	隣馬ヒストリーメイカー	2着
22 年	ユアヒストリー	隣馬オメガパフューム	1着
23 年	ロードブレス	隣馬プロミストウォリア	1着
24 年	ミッキーヌチバナ	自身	1着

※ 19年は該当馬の出走ナシ。他に「酒井学騎手の＋66馬が連対」も継続中。

GIII 福島牝馬S

2025年4月20日　福島芝1800m（4歳上牝馬）

正逆　1番8番

セントライト記念	福島牝馬S	
2020年【正6番】1着 ➡	2021年【逆6番】ディアンドル	1着
2021年【正2番】1着 ➡	2022年【正2番】クリノプレミアム	2着
2022年【正7番】2着 ➡	2023年【逆7番】ビッグリボン	2着
2023年【正14番】2着 ➡	2024年【正14番】フィールシンパシー	2着
2024年【正1番】1着 　　　【正8番】2着	➡ 2025年【正逆1番、8番】	

16 桃 8 15	14 橙 7 13	12 緑 6 11	10 黄 5 9	8 青 4 7	6 赤 3 5	4 黒 2 3	2 白 1 1
グランベルナデット	ライトクオンタム	タガノパッシオン	キミノナハマリア	ウインピクシス	エリオトローピオ	ペイシャフラワー	コスタボニータ
シンリョウカ	フィールシンパシー	ラリュエル	エミュー	ファユエン	トーセンローリエ	ピンクジン	エリカヴィータ
牡 55 牝4 鹿 55 牝5	鹿 55 牝5 栗 55 牝5	栗 55 牝6 鹿 55 牝4	栗 55 牝4 鹿 55 牝4	鹿 55 牝5 鹿 55 牝5	栗 55 牝4 黒 55 牝5	牝 55 牝5 栗 55 牝4	鹿 55 牝4 芦 55 牝5
横山武 木幡初	横山琉 吉田隼	北村友 菱田	鮫島駿 菅原明	松 岡	菊沢 石橋脩	丹内 永 島	岩田望 富田
2500 1700	3150 2400	2400 2350	1500 2750	3150 2400	1500 2100	1500 900	3000 2400
4730 5750	9745 5680	7240 10,624	6740 5452	7870 5712	5810 4080	3934 3458	6560 10,222
DMMドリーAC 由井健太郎	岡田牧雄 社台RH	社台F 八木良и	浦野和m 前田幸治	ウイン 岡 毅	ラフィアン 馬川隆義	北所直人 ミルF	三木正浩 吉岡眞夫
社台F 下河辺牧場	岡田S 社台F	社台F 谷川牧F	社台F ノーザンF	コスモヴュF 谷岡岡S	ビッグレッドF エスティF	岡田牧場 ミルF	ノーザンF 社台F

2024年 福島牝馬S	1着①コスタボニータ　　（1番人気）	馬連 3240円
	2着⑭フィールシンパシー　（8番人気）	3連複 8880円
	3着⑧ウインピクシス　　（5番人気）	3連単 51640円

注目サイン！

丹内祐次騎手の±23馬が3着以内
24年は8番人気フィールシンパシー2着、馬連3240円

19 年	＋ 23 馬ダノングレース	3着
20 年	－ 23 馬フェアリーポルカ	1着
22 年	＋ 23 馬アナザーリリック	1着
23 年	＋ 23 馬ビッグリボン	2着
24 年	－ 23 馬フィールシンパシー	2着

※ 17 年から継続中。21 年は同騎手の騎乗ナシ。

前走⑨番ゲート馬か、その隣馬が3着以内
23年は8番人気ステラリア1着、単勝1380円

19 年	ビスカリア	隣馬ダノングレース	3着
20 年	エスポワール	隣馬ランドネ	3着
21 年	ドナアトラエンテ	自身	2着
23 年	ステラリア	自身	1着
24 年	グランベルナデット	隣馬コスタボニータ	1着

※ 15 年から継続中。22 年は該当馬の出走ナシ。

4番人気馬の±51馬が3着以内
21年は7番人気ディアンドル1着、単勝1540円

19 年	デンコウアンジュ	＋ 51 馬フローレスマジック	2着
20 年	サラキア	－ 51 馬ランドネ	3着
21 年	シゲルピンクダイヤ	＋ 51 馬ディアンドル	1着
22 年	シャーレイポピー	＋ 51 馬アナザーリリック	1着
23 年	クリノプレミアム	＋ 51 馬ステラリア	1着
24 年	タガノパッション	＋ 51 馬フィールシンパシー	2着

5番人気馬か、その隣馬が3着以内
24年は5番人気ウインピクシス3着、3連単5万馬券！

19 年	カワキタエンカ	隣馬デンコウアンジュ	1着
20 年	カリビアンゴールド	隣馬リープフラウミルヒ	2着
22 年	サトノダムゼル	自身	3着
23 年	ジネストラ	隣馬ビッグリボン	2着
24 年	ウインピクシス	自身	3着

※ 16 年から継続中。21 年は 4 番人気ロザムールの隣馬が出走取消。

GII 青葉賞

2025年4月26日　東京芝2400m（3歳）

正逆 1番8番

紫苑S	青葉賞
2020年【逆9番】1着 ➡	2021年【逆9番】キングストンボーイ　2着
2021年【逆8番】1着 ➡	2022年【逆8番】ロードレゼル　　　　2着
2022年【正11番】2着 ➡	2023年【正11番】スキルヴィング　　　1着
2023年【正3番】2着 ➡	2024年【逆3番】ショウナンラプンタ　2着
2024年【正1番】2着 【逆8番】1着	➡ 2025年【正逆1番、8番】

	17 株	16 桃	15	14 橙	13	12 緑	11	10 黄	9	8 青	7	6 赤	5	4 黒	3	2 白	1
	トロヴァトーレ	ショウナンラプンタ	コスモブッドレア	マーシャルポイント	アバンデル	シュバルツクーゲル	ウインマクシマム	ヘデントール	パワーホール	フォスターボンド	ジンセイ	ロジルーラー	ニシノフィアンス	グランアルティスタ	サトノシュトラーセ		
	57 牡3	57 牡3	57 牡3	57 牡3	57 牡3	57 牡3	57 牡3	57 牡3	57 牡3	57 牡3	57 牡3	57 牡3	57 牡3	57 牡3	57 牡3		
	横山武	モレイラ	鮫島駿	石　川	津村	石橋脩	北村宏	岡田	オシェア	田　辺	武　豊	菅原明	内田博	大野	永野	原	デムーロ

2024年 青葉賞

1着⑦シュガークン	（2番人気）	馬連 2960 円
2着⑮ショウナンラプンタ	（7番人気）	3連複 6630 円
3着⑯デュアルウィルダー	（4番人気）	3連単 38360 円

注目サイン！

正逆92番が3着以内
23年は11番人気ティムール3着、3連単3万馬券！

21 年	正 92 番ワンダフルタウン	1着
22 年	逆 92 番ロードレゼル	2着
23 年	正 92 番ティムール	3着
24 年	正 92 番シュガークン	1着

馬名頭文字か末尾「ル」馬の隣馬が3着以内
24年は2番人気シュガークン1着、単勝450円

20 年	レアリザトゥール	隣馬ヴァルコス	2着
21 年	アランデル	隣馬ワンダフルタウン	1着
22 年	レヴァンジル	隣馬エターナルビクトリ	3着
23 年	ヨリマル	隣馬ハーツコンチェルト	2着
24 年	パワーホール	隣馬シュガークン	1着

※ 17 年から継続中。

青葉賞は馬名頭文字か末尾「ア」馬の隣馬が連対中
24年は7番人気ショウナンラプンタ2着、馬連2960円

20 年	アラタ	隣馬オーソリティ	1着
21 年	アランデル	隣馬ワンダフルタウン	1着
22 年	アスクヴィヴァユー	隣馬ロードレゼル	2着
23 年	アームブランシュ	隣馬ハーツコンチェルト	2着
24 年	コスモブッドレア	隣馬ショウナンラプンタ	2着

※ 17 年から継続中。

M・デムーロ騎手の隣枠が連対中
23年は断然人気のスキルヴィングが快勝

18 年	－1枠エタリオウ	2着
19 年	＋1枠ランフォザローゼス	2着
21 年	＋1枠キングストンボーイ	2着
22 年	－1枠ロードレゼル	2着
23 年	＋1枠スキルヴィング	1着
24 年	－1枠ショウナンラプンタ	2着

※ 20 年は同騎手の騎乗ナシ。他に「松岡正海騎手の±22馬が3着以内」も継続中。

GII フローラS

正逆　2番7番

オーシャンS	フローラS	
2020年【逆15番】1着 ➡	2021年【正15番】クールキャット	1着
2021年【逆14番】2着 ➡	2022年【逆14番】エリカヴィータ	1着
2022年【逆9番】1着 ➡	2023年【逆9番】ゴールデンハインド	1着
2023年【逆8番】1着 ➡	2024年【正8番】アドマイヤベル	1着
2024年【逆2番】1着 【逆7番】2着	➡ 2025年【正逆2番、7番】	

	2024年 フローラS		
1着⑧アドマイヤベル	（2番人気）	馬連 2450 円
2着③ラヴァンダ	（6番人気）	3連複 6500 円
3着⑬カニキュル	（4番人気）	3連単 29750 円

注目サイン！

正逆287番が連対中
22年は5番人気エリカヴィータ1着、単勝1360円

18 年	正 287 番パイオニアバイオ	2着
19 年	逆 287 番シャドウディーヴァ	2着
20 年	逆 287 番ウインマリリン	1着
21 年	正 287 番クールキャット	1着
22 年	正 287 番エリカヴィータ	1着
23 年	正 287 番ソーダズリング	2着
24 年	逆 287 番アドマイヤベル	1着

※他に「正逆134番が3着以内」も継続中。

戸崎圭太騎手の隣枠が3着以内
21年は後のオークス馬ユーバーレーベンが3着

19 年	－1枠シャドウディーヴァ	2着
21 年	－1枠ユーバーレーベン	3着
22 年	＋1枠エリカヴィータ	1着
23 年	－1枠ブライトジュエリー	3着
24 年	＋1枠アドマイヤベル	1着

※ 20 年は同騎手の騎乗ナシ。

田辺裕信騎手の±3馬が3着以内
21年は14番人気スライリー2着、馬連4万馬券！

21 年	＋3馬スライリー	2着
22 年	－3馬シンシアウィッシュ	3着
23 年	＋3馬ブライトジュエリー	3着
24 年	＋3馬アドマイヤベル	1着

松岡正海騎手の±4馬が3着以内
久々騎乗の24年は6番人気ラヴァンダが2着

15 年	＋4馬マキシマムドパリ	3着
16 年	＋4馬アウェイク	3着
18 年	－4馬サトノワルキューレ	1着
19 年	－4馬シャドウディーヴァ	2着
24 年	－4馬ラヴァンダ	2着

※ 17、20 ～ 23 年は同騎手の騎乗ナシ。

GⅡ マイラーズC

2025年4月27日　京都芝1600m（4歳上）

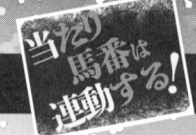

当たり馬番は連動する！

正逆 1番7番

アンタレスS	マイラーズC		
2020年【逆6番】2着 ➡	2021年【正6番】アルジャンナ	2着	
2021年【逆9番】2着 ➡	2022年【逆9番】ホウオウアマゾン	2着	
2022年【逆9番】1着 ➡	2023年【逆9番】ガイアフォース	2着	
2023年【逆4番】1着 ➡	2024年【逆4番】ソウルラッシュ	1着	
2024年【逆7番】1着			
【逆1番】2着	➡ **2025年【正逆1番、7番】**		

2024年 **マイラーズC**	1着⑭ソウルラッシュ　（1番人気）	馬連 400円
	2着③セリフォス　　（2番人気）	3連複 2070円
	3着⑨ニホンピロキーフ（6番人気）	3連単 6280円

注目サイン！

正37番が連対中
今のところ正37番オンリー

20 年	正 37 番インディチャンプ	1着
21 年	正 37 番ケイデンスコール	1着
22 年	正 37 番ホウオウアマゾン	2着
23 年	正 37 番ガイアフォース	2着
24 年	正 37 番セリフォス	2着

北村友一騎手の±89馬が3着以内
こちらは過去7回とも−89馬オンリー

13 年	− 89 馬ダノンシャーク	3着
14 年	− 89 馬フィエロ	2着
19 年	− 89 馬パクスアメリカーナ	3着
20 年	− 89 馬ベステンダンク	2着
21 年	− 89 馬ケイデンスコール	1着
23 年	− 89 馬シュネルマイスター	1着
24 年	− 89 馬セリフォス	2着

※ 15 〜 18、22 年は同騎手の騎乗ナシ。

施行回数馬番の±16馬が3着以内
ちなみに25年は第56回となる

18 年	正 49 番	− 16 馬サングレーザー	1着
19 年	正 50 番	＋ 16 馬ダノンプレミアム	1着
20 年	正 51 番	＋ 16 馬ヴァンドギャルド	3着
21 年	正 52 番	＋ 16 馬カイザーミノル	3着
22 年	正 53 番	− 16 馬ホウオウアマゾン	2着
23 年	正 54 番	＋ 16 馬シュネルマイスター	1着
24 年	正 55 番	＋ 16 馬セリフォス	2着
25 年	正 56 番の± 16 馬が候補		

※例：24 年は第55 回。17 頭立てなので正 55 番は④リューベックが該当。その④番の
± 16 馬の③番と⑤番が候補となり、③セリフォスが 2 着した。

京王杯スプリングC GII

2025年5月3日　東京芝1400m（4歳上）

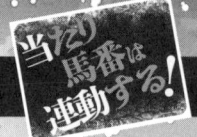

当たり馬番は連動する！

正逆 1番7番

アンタレスS		京王杯スプリングC
2020年【逆6番】2着	➡	2021年【逆6番】トゥラヴェスーラ　2着
2021年【逆9番】2着	➡	2022年【逆9番】スカイグルーヴ　2着
2022年【逆9番】1着	➡	2023年【逆9番】ウインマーベル　2着
2023年【逆4番】1着	➡	2024年【正4番】レッドモンレーヴ　2着
2024年【逆7番】1着 【逆1番】2着	➡	2025年【正逆1番、7番】

枠	馬番	馬名	毛色	斤量	性齢	騎手	賞金	総賞金
桃8	15	ウインマーベル	栗	58	牡5	松山	15,150	31,782
桃8	14	バルサムノート	鹿	57	牡4	北村宏	2500	6357
橙7	13	メイショウチタン	鹿	57	牡6	鮫島駿	4350	16,180
橙7	12	スズハローム	鹿	57	牡7	千田	3800	12,965
緑6	11	ロードマックス	鹿	57	牡4		2400	5380
緑6	10	アイシ	鹿	57	牡6		3250	7390
黄5	9	ダノンスコーピオン	黒	58	牡5	戸崎圭	9700	22,700
黄5	8	アネゴハダ	鹿	55	牝5	三浦	2400	10,840
青4	7	グランデマーレ	芦	57	牡7	津村	3800	10,210
青4	6	プルパレイ	鹿	57	牡5	オシェア	2900	8360
赤3	5	クリノガウディー	鹿	57	牡8	松岡	5200	16,970
赤3	4	レッドモンレーヴ	鹿	58	牡5	横山和	6550	13,930
黒2	3	ソーヴァリアント	鹿	57	牡6	モレイラ	6800	18,750
黒2	2	リュミエールノワール	鹿	57	牡5	川田	2400	5353
白1	1	トウシンマカオ	東	57	牡5	菅原明	10,000	22,970

2024年 京王杯 スプリングC		
1着⑮ウインマーベル　（1番人気）	馬連	840円
2着④レッドモンレーヴ　（2番人気）	3連複	6450円
3着⑪スズハローム　（8番人気）	3連単	23210円

注目サイン！

当年高松宮記念で6着以下だった馬の隣馬が3着以内
23年は7番人気ウインマーベル2着、馬連2720円

21 年	ミッキーブリランテ	（10 着）	隣馬ラウダシオン	1着
22 年	シャインガーネット	（7 着）	隣馬タイムトゥヘヴン	3着
23 年	ピクシーナイト	（13 着）	隣馬ウインマーベル	2着
24 年	トウシンマカオ	（6 着）	隣馬ウインマーベル	1着

※（ ）が高松宮記念での着順。16 年から継続中。

柴田善臣騎手の±33馬が3着以内
復帰が待ち遠しい──今のところ、＋33馬が激走中

16 年	＋33 馬サンライズメジャー	2着
17 年	＋33 馬グランシルク	3着
23 年	＋33 馬ダディーズビビッド	3着
24 年	＋33 馬ウインマーベル	1着

※ 12 年から継続中。18 〜 22 年は同騎手の騎乗ナシ。

戸崎圭太騎手の±51馬が連対中
今のところ、7/8で1着の高確率！

16 年	－ 51 馬サトノアラジン	1着
17 年	－ 51 馬レッドファルクス	1着
18 年	＋ 51 馬ムーンクエイク	1着
19 年	＋ 51 馬タワーオブロンドン	1着
22 年	－ 51 馬スカイグルーヴ	2着
23 年	－ 51 馬レッドモンレーヴ	1着
24 年	＋ 51 馬ウインマーベル	1着

※ 20、21 年は同騎手の騎乗ナシ。

馬名頭文字か末尾「ト」馬か、その隣馬が3着以内
21年は8番人気カイザーミノル3着、3連単8万馬券！

20 年	グルーヴィット	自身	3着
21 年	シャインガーネット	隣馬カイザーミノル	3着
22 年	シャインガーネット	隣馬タイムトゥヘヴン	3着
23 年	ピクシーナイト	隣馬ウインマーベル	2着
24 年	バルサムノート	隣馬ウインマーベル	1着

※ 17 年から継続中。

GⅢ ユニコーンS

2025年5月3日　京都ダ1900m（3歳）

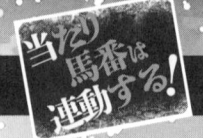
当たり馬番は連動する！

正逆 1番 7番

サウジアラビアRC	ユニコーンS	
2020年【逆2番】1着 ➡	2021年【逆2番】サヴァ	2着
2021年【逆2番】1着 ➡	2022年【正2番】セキフウ	2着
2022年【正7番】1着 ➡	2023年【正7番】サンライズジーク	2着
2023年【逆8番】1着 ➡	2024年【逆8番】サトノエピック	2着
2024年【正1番】1着 【逆7番】1着	➡ 2025年【正逆1番、7番】	

2024年 ユニコーンS	1着⑤ラムジェット　（3番人気）	馬連 3530 円
	2着⑨サトノエピック　（5番人気）	3連複 3350 円
	3着④ミッキーファイト（1番人気）	3連単 25330 円

注目サイン！

 **前走⑪番ゲート馬か、その隣馬が3着以内**
22年は7番人気ペイシャエス1着、単勝2010円

13 年	コンプリートゲーム	隣馬サウンドリアーナ	2着
14 年	バンズーム	自身	3着
15 年	ダノングッド	隣馬アルタイル	3着
16 年	ヒロブレイブ	隣馬グレンツェント	3着
17 年	トラネコ	隣馬サンライズソア	3着
18 年	ホウショウナウ	隣馬グレートタイム	2着
19 年	デュープロセス	自身	2着
20 年	サンライズホープ	隣馬ケンシンコウ	3着
21 年	スマッシャー	自身	1着
22 年	テーオーステルス	隣馬ペイシャエス	1着
23 年	ペリエール	自身	1着
24 年	サトノエピック	自身	2着

 **川田将雅騎手の隣枠が連対中**
23年は7番人気サンライズジーク2着、馬連3360円

15 年	＋1枠ノンコノユメ	1着
16 年	＋1枠ストロングバローズ	2着
18 年	－1枠グレートタイム	2着
23 年	－1枠サンライズジーク	2着
24 年	－1枠サトノエピック	2着

※ 17、19 ～ 22 年は同騎手の騎乗ナシ。他に「石橋脩騎手の±3馬が3着以内」も継続中。

 **前走1番人気馬か、その隣馬が3着以内**
18年までは自身が1着、19年からは隣馬が馬券に

16 年	ゴールドドリーム	自身	1着
17 年	サンライズノヴァ	自身	1着
18 年	ルヴァンスレーヴ	自身	1着
19 年	イメル	隣馬ワイドファラオ	1着
20 年	キタノオクトパス	隣馬カフェファラオ	1着
21 年	サンライズウルス	隣馬ケイアイロベージ	3着
22 年	テーオーステルス	隣馬ペイシャエス	1着
23 年	ハードワイヤード	隣馬ブライアンセンス	3着
24 年	ラオラシオン	隣馬サトノエピック	2着

GⅢ エプソムC

2025年5月10日　東京芝1800m（4歳上）

当たり馬番は連動する！

正逆 3番7番

ジャパンC	エプソムC	
2020年【正6番】2着 ➡	2021年【逆6番】サトノフラッグ	2着
2021年【正7番】2着 ➡	2022年【逆7番】ノースブリッジ	1着
2022年【正15番】2着 ➡	2023年【正15番】ジャスティンカフェ	1着
2023年【正2番】1着 ➡	2024年【逆2番】ニシノスーベニア	2着
2024年【正3番】1着		
【正7番】2着 ➡	**2025年【正逆3番、7番】**	

<!-- 出走表（縦書き）-->

18 桃8	17 桃8	16	15 橙7	14 橙7	13	12 緑6	11	10 黄5	9	8 青4	7	6 赤3	5	4 黒2	3	2 白1	1
セ ル バ ー グ	ニシノスーベニア	グランディア	ハッピージャガー	アルナシーム	カレンシュトラウス	ラ ケ マ ー ダ	グランスラムアスク	サ イ ル ー ン	シルトホルン	レッドランメルト	ワールドウインズ	マイネルケリウス	レーベンスティール	タイムトゥヘヴン	ヴェルトライゼンデ	ルージュリナージュ	ノースザワールド トゥデイイズザデイ

1着⑥レーベンスティール（1番人気）　馬連 4220 円
2着⑰ニシノスーベニア（9番人気）　3連複 13880 円
3着⑩シルトホルン（7番人気）　3連単 62310 円

2024 年 エプソムC

96

注目サイン！

三浦皇成騎手の±62馬が3着以内
23年は7番人気ルージュエヴァイユ2着、馬連2510円

18 年	－ 62 馬	サトノアーサー	1着
19 年	＋ 62 馬	サラキア	2着
20 年	－ 62 馬	トーラスジェミニ	3着
21 年	－ 62 馬	ザダル	1着
22 年	＋ 62 馬	ダーリントンホール	3着
23 年	－ 62 馬	ルージュエヴァイユ	2着
24 年	＋ 62 馬	レーベンスティール	1着

戸崎圭太騎手の±92馬が3着以内
22年は4番人気ノースブリッジ快勝、単勝730円

19 年	＋ 92 馬	サラキア	2着
20 年	－ 92 馬	ソーグリッタリング	2着
21 年	＋ 92 馬	ザダル	1着
22 年	－ 92 馬	ノースブリッジ	1着
23 年	＋ 92 馬	マテンロウスカイ	3着
24 年	＋ 92 馬	レーベンスティール	1着

石川裕紀人騎手の±15馬が3着以内
24年は7番人気シルトホルン3着、3連単6万馬券！

18 年	＋ 15 馬	サトノアーサー	1着
20 年	＋ 15 馬	ダイワキャグニー	1着
21 年	－ 15 馬	ファルコニア	3着
23 年	＋ 15 馬	ジャスティンカフェ	1着
24 年	－ 15 馬	シルトホルン	3着

馬名頭文字か末尾「ル」馬か、その隣馬が3着以内
21年は3番人気ザダル1着、単勝680円

21 年	ザダル	自身	1着
22 年	ダーリントンホール	隣馬ノースブリッジ	1着
		自身	3着
23 年	ルージュエヴァイユ	自身	2着
24 年	レーベンスティール	自身	1着

2025年5月10日　京都芝2200m（3歳）

正逆　5番6番

エルムS	京都新聞杯	
2020年【逆2番】1着 ➡	2021年【逆2番】レッドジェネシス	1着
2021年【逆11番】1着 ➡	2022年【正11番】ヴェローナシチー	2着
2022年【逆6番】1着 ➡	2023年【正6番】サトノグランツ	1着
2023年【逆11番】2着 ➡	2024年【逆11番】ウエストナウ	2着
2024年【逆6番】1着 【逆5番】2着	➡ 2025年【正逆5番、6番】	

15 桃8 14	13 橙7 12	11 緑6 10	9 黄5	青4 6	5 赤3 4	3 黒2	白1
キープカルム	ヤマニンウルス タガノデュード	インザモーメント ライフセービング	プレリュードシチー ベラジオボンド	ヴェローナシチー ファーヴェント	ウエストナウ ギャンブルルーム	オールセインツ	ジューンテイク スカイサーベイ
ロードカナロア5勝 アドマイヤテラ ダンスアミーゴ	ディルオロ レイオロ	レインボーライン ビーチパトロール	ソットサス ハービンジャー3勝	イプスウィッチ2勝 ロードカナロア	ブリックスアンドモルタル3勝 フィエールマン	エピファネイア3勝 シャンデリアハウス	アドマイヤサブリナ3勝 アドマイヤムーン
57 牡3	57 牡3	57 牡3	57 牡3	57 牡3	57 牡3	57 牡3	57 牡3
芦	鹿	鹿	鹿	鹿	鹿	鹿	鹿
武 豊	古川 吉	田 口	幸	川 田	横山典	岩田康	藤岡佑
友	鮫島駿	和田竜	岩田望	松 山	浜 中	西村淳	武 英
中	宮	寺	高槻忠	須貝尚	大久保龍	池添学	
900	400	400	1000	400	900	400	900
3170	2523	1867	2140	1270	550	2570	4290
1800	2420	1620	1720	2290	550	550	550
前田晋二 近藤旬子 社台F ノーザンF	八木良司 嶋田儀平太 ノーザンF	前田幸大 吉田照哉 ワールドF 社台F	佐藤賢次 大野照旺 カタオカ牧 社台F	林田祥来 キャロットF 白老F	寺田寿男 サンデーR ノーザンF	平 田 社台F	吉 川 潤 ヒダカF

	1着①ジューンテイク（8番人気）	馬連 11990 円
2024 年 京都新聞杯	2着⑤ウエストナウ（5番人気）	3連複 21060 円
	3着⑦ヴェローチェエラ（2番人気）	3連単 148020 円

注目サイン！

前走2番人気馬か、その隣馬が3着以内
隣馬は21年のみ、自身がほとんど馬券に

19 年	ロジャーバローズ	自身	2着
20 年	マンオブスピリット	自身	2着
21 年	ゲヴィナー	隣馬レッドジェネシス	1着
22 年	ボルドグフーシュ	自身	3着
23 年	サトノグランツ	自身	1着
24 年	ヴェローチェエラ	自身	3着

※ 16 年から継続中。

馬名頭文字か末尾「ス」馬か、その隣馬が3着以内
24年は7番人気ジューンテイク1着、単勝1770円

19 年	ロジャーバロー<u>ス</u>	自身	2着
21 年	レッドジェネシ<u>ス</u>	自身	1着
22 年	<u>ス</u>トップザタイム	隣馬アスクワイルドモア	1着
23 年	リビアングラ<u>ス</u>	自身	3着
24 年	<u>ス</u>カイサーベイ	隣馬ジューンテイク	1着

※「ズ」も対象。16 年から継続中。20 年は該当馬の出走ナシ。

川田将雅騎手の隣枠が3着以内
今のところ、アタマはナシの傾向

21 年	－1枠マカオンドール	3着
22 年	＋1枠ボルドグフーシュ	3着
23 年	＋1枠ダノントルネード	2着
24 年	－1枠ウエストナウ	2着

※他に「岩田望来騎手の±16 馬が3着以内」も継続中。

7番人気馬か、その隣馬が3着以内
22年は7番人気ヴェローナシチー2着、馬連7500円！

20 年	キングオブドラゴン	隣馬ディープボンド	1着
21 年	ブレークアップ	隣馬ルペルカーリア	2着
22 年	ヴェローナシチー	自身	2着
23 年	リビアングラス	自身	3着
24 年	ファーヴェント	隣馬ウエストナウ	2着

※ 18 年から継続中。

GIII 新潟大賞典

2025年5月17日　新潟芝2000m（4歳上）

当たり馬番は連動する！

正逆 1番 5番

マイルCS	新潟大賞典	
2020年【逆10番】2着 ➡	2021年【正10番】ポタジェ	2着
2021年【逆14番】2着 ➡	2022年【正14番】レッドガラン	1着
2022年【逆15番】2着 ➡	2023年【逆15番】カラテ	1着
2023年【逆1番】1着 ➡	2024年【逆1番】ヤマニンサルバム	1着
2024年【逆5番】1着 　　【逆1番】2着	➡ 2025年【正逆1番、5番】	

16	桃8	15	14	橙7	13	12	緑6	11	10	黄5	9	8	青4	7	6	赤3	5	4	黒2	3	2	白1	1
ヤマニンサルバム		イスラボニータ4勝	レーベンスティール		リアルスティール英④	マイネルクリンノラ		スクリーンヒーロー5勝	キングズパレス		エバーシャルマン2勝	シーズンリッチ		ヒーリングハート	リフレーミング		サクラバクシンオー	ファユエン		レディノパンチ未出走	カラテ		トゥザグローリー3勝	ブレイヴロッカー		ドゥラメンテ	ノッキングポイント		チェッキーノ3勝	セルバーグ		モーリス	ダンディズム		ビューティーコンテスト	デビットバローズ		マンハッタンカフェ④	ヴァンケドミンゴ		アンライバルド③	ホウオウアマゾン		ルーラーシップ4勝	ヨーホーレイク		ディープインパクト
ヤマニンエマイユ6勝						マイネルヴィンクル英⑤																		

2024年 新潟大賞典
1着⑯ヤマニンサルバム（7番人気）　　馬連 4690円
2着⑬キングズパレス（3番人気）　　3連複 9880円
3着①ヨーホーレイク（2番人気）　　3連単 78840円

注目サイン！

馬名末尾「ル馬」の隣馬が3着以内
近4年はご覧のように連対している

21 年	バスカヴィル	隣馬サンレイポケット	1着
22 年	ヤシャマル	隣馬レッドガラン	1着
23 年	カレンルシェルブル	隣馬セイウンハーデス	2着
24 年	レーベンスティール	隣馬ヤマニンサルバム	1着

※ 19 年から継続中。

前走⑥番ゲート馬の隣馬が1着継続中
25年で一番の注目ポイント！

19 年	ルックトゥワイス	隣馬メールドグラース	1着
21 年	バスカヴィル	隣馬サンレイポケット	1着
22 年	ヤシャマル	隣馬レッドガラン	1着
24 年	レーベンスティール	隣馬ヤマニンサルバム	1着
	ヨーホーレイク	隣馬ヤマニンサルバム	1着

※ 20、23 年は該当馬の出走ナシ。

丸田恭介騎手の±3枠が3着以内
20年は10番人気トーセンスーリヤ1着、単勝1840円

18 年	－3枠スズカデヴィアス	1着
	－3枠ナスノセイカン	3着
19 年	＋3枠ミッキースワロー	2着
	－3枠ロシュフォール	3着
20 年	－3枠トーセンスーリヤ	1着
24 年	＋3枠ヨーホーレイク	3着

前走1着馬か、その隣馬が連対中
19年は7番人気メールドグラース1着、単勝1580円

19 年	メールドグラース	自身	1着
20 年	トーセンスーリヤ	自身	1着
21 年	サトノエルドール	隣馬ポタジェ	2着
22 年	カイザーバローズ	自身	2着
23 年	セイウンハーデス	自身	2着
24 年	キングズパレス	自身	2着

GⅢ 平安S

正逆 2番7番

エリザベス女王杯	平安S
2020年【逆1番】1着 ➡	2021年【逆1番】アメリカンシード　　　2着
2021年【逆13番】2着 ➡	2022年【逆13番】テーオーケインズ　　1着
2022年【逆6番】2着 ➡	2023年【逆6番】ハギノアレグリアス　2着
2023年【逆15番】1着 ➡	2024年【逆15番】ミトノオー　　　　　1着
2024年【逆7番】1着 【逆2番】2着	➡ 2025年【正逆2番、7番】

16 桃 8 15	14 橙 7 13	12 緑 6 11	10 黄 5 9	8 青 4 7	6 赤 3 5	4 黒 2 3	2 白 1 1
バハルダール	ヴィクティファルス	オーロイプラータ	クリノドラゴン	メイショウフンジン	ゼットリアン	グロリアムンディ	カフジオクタゴン	スレイマン	ミッキーヌチバナ	ハ ピ	ハギノアレグリアス	サンデーファンデー	メイプルリッジ	ミトノオー	テンカハル
牡5 57	牡6 57	牡4 57	牡4 57	牡7 57	牡4 57	牡6 57	牡6 57	牡6 57	牝6 57	牝6 57	牡6 57	牡4 57	牡5 57	牡4 57	牡6 57
水 口	池 添	鮫島駿	武 豊	酒 井	和田竜	幸	藤岡佑	斎 藤	太 宰	高槻晃	岩田望	松 若	西村淳	坂 井	矢 作
2400	4400	6800	2400	3500	4350	2850	9400	2400	5100	13,540
7915	12,000	6995	12,993	18,420	7860	22,213	9864	11,157	22,116	12,890	21,670	6090	6027	11,170	13,540

2024年 平安S	1着②ミトノオー	（5番人気）	馬連 3810円
	2着⑥ハピ	（3番人気）	3連複 38830円
	3着⑫メイショウフンジン	（10番人気）	3連単 161560円

注目サイン！

3番人気馬が3着以内
24年はハピが2着、馬連3810円

20 年	オメガパフューム	1着
21 年	マシュロレーヌ	3着
22 年	メイショウハリオ	3着
23 年	ヴァンヤール	3着
24 年	ハピ	2着

※ 18 年から継続中。他に「2 番人気馬か、その隣馬が3着以内」も継続中。

前走1着馬の隣馬が連対中
22年は1番人気テーオーケインズが快勝

21 年	ヴェルテックス	隣馬アメリカンシード	2着
22 年	メイショウハリオ	隣馬テーオーケインズ	1着
23 年	タイセイドレフォン	隣馬ハギノアレグリアス	2着
24 年	メイプルリッジ	隣馬ミトノオー	1着

※ 19 年から継続中。

前走4番人気馬の隣馬が3着以内
ここも隣馬が激走！24年は5番人気ミトノオー1着

20 年	スマハマ	隣馬ゴールドドリーム	3着
21 年	ドスハーツ	隣馬マルシュロレーヌ	3着
22 年	ケイアイパープル	隣馬テーオーケインズ	1着
23 年	テリオスベル	隣馬ハギノアレグリアス	2着
24 年	テンカハル	隣馬ミトノオー	1着

池添謙一騎手の±3馬が3着以内
なかなか騎乗がないものの、足掛け年数は長い

13 年	−3馬ニホンピロアワーズ	1着
	＋3馬ナイスミーチュー	2着
15 年	＋3馬ローマンレジェンド	3着
20 年	＋3馬オメガパフューム	1着
24 年	＋3馬ミトノオー	1着

※ 14、16 ～ 19、21 ～ 23 年は同騎手の騎乗ナシ。

GⅢ 葵S

2025年5月31日　京都芝1200m（3歳）

正逆 3番 7番

ジャパンC		葵S	
2020年【正2番】1着	➡	2021年【正2番】ヨカヨカ	2着
2021年【正7番】2着	➡	2022年【正7番】ウインマーベル	1着
2022年【正15番】2着	➡	2023年【正15番】モズメイメイ	1着
2023年【正2番】1着	➡	2024年【逆2番】ピューロマジック	1着
2024年【正3番】1着			
【正7番】2着	➡	**2025年【正逆3番、7番】**	

枠	18 桃8	17 桃8	16	15 橙7	14 橙7	13 緑6	12	11	10 黄5	9	8 青4	7	6 赤3	5	4 黒2	3	2 白1	1
	カルチャーデイ	ビューロマジック	エリカカリーナ	クリスアーサー	ロードナナオ	ペアポルックス	シカゴスティング	エポックヴィーナス	エトヴプレ	アウェイキング	モズトキキ	ジョーロリット	オーキッドロマンス	アスクワンタイム	ニコラウス	ガロン	モンシュマン	ナムラアトム

2024年 葵S	1着⑰ピューロマジック（8番人気）	馬連 16870 円
	2着⑬ペアポルックス（7番人気）	3連複 58860 円
	3着⑭ナナオ（6番人気）	3連単 362410 円

注目サイン！

正逆92番が3着以内
24年は8番人気ピューロマジック1着、単勝2410円

21 年　正 92 番ヨカヨカ　　　　　2着
22 年　正 92 番ウインマーベル　　1着
23 年　正 92 番ビッグシーザー　　3着
24 年　逆 92 番ピューロマジック　1着
※ 20 年から継続中。

武豊騎手の±76馬が3着以内
ここまではアタマはナシの傾向

21 年　－ 76 馬ヨカヨカ　　　　　　　2着
22 年　＋ 76 馬コムストックロード　2着
23 年　＋ 76 馬ルガル　　　　　　　2着
24 年　－ 76 馬ナナオ　　　　　　　3着
※ 17 年から継続中。

横山和生騎手の±32隣馬が2着継続中
23年は後のGⅠ馬ルガルが連対、馬連2590円

21 年　－ 32 馬ヨカヨカ　　　　　　　2着
22 年　＋ 32 馬コムストックロード　2着
23 年　＋ 32 馬ルガル　　　　　　　2着
24 年　＋ 32 馬ペアポルックス　　　2着

前走1着馬が3着以内
21年は13番人気レイハリア1着、単勝8300円！

18 年　トゥラヴェスーラ　　3着
19 年　ディアンドル　　　　1着
20 年　ワンスカイ　　　　　3着
21 年　レイハリア　　　　　1着
22 年　ウインマーベル　　　1着
23 年　ルガル　　　　　　　2着
24 年　ナナオ　　　　　　　3着

GII 目黒記念

2025年6月1日　東京芝2500m（4歳上）

当たり馬番は連動する！

正逆 7番 11番

キーンランドC	目黒記念
2020年【逆5番】2着 ➡	2021年【正5番】ウインキートス　　1着
2021年【逆8番】2着 ➡	2022年【正8番】マイネルウィルトス　2着
2022年【逆12番】2着 ➡	2023年【逆12番】ディアスティマ　　2着
2023年【逆9番】2着 ➡	2024年【正9番】シュトルーヴェ　　1着
2024年【逆7番】1着 　　　【逆11番】2着	➡ **2025年【正逆7番、11番】**

13 桃8 12	11 橙7 10	9 緑6 8	7 黄5 6	5 青4 4	赤3	黒2	白1
バラジ ⑭	ケイアイサンデラ	ダンディズム	ナイトインロンドン	シュトルーヴェ	マイネルウィルトス	スクリーンヒーロー	マイネルヌール 4勝①	シークレットラン	カールファタール 1勝①	シュヴァリエローズ	ヴァンゴッホ④	ヒートオンビート	ディープインパクト④	クロミナンス	イリュミナシオン 5勝①	メイショウブレゲ	ロードカナロア 3勝①	サトノグランツ	チェリーコレクト④	ジューンアヲニヨシ	オールブランニュー 2着①
シーダーアラジン未勝①	ヴァンセンヌ④	クイーンズミリセント未勝①	シルバーステート⑭	ビューティーコンテスト愛①	マンハッタンカフェ①	グレーターロンドン④	ムーンライズハ④	アンチュラスロンド④	キングカメハメハ⑭	ダンカーク④	ヴァンゴッホ④	マルセリーナ④	キングカメハメハ④	ゴールドシップ①	サトノダイヤモンド愛①	サトノダイヤモンド愛①
鹿 56 牡5	鹿 54 牡4	芦 52 牡4	鹿 54 牡4	黒鹿 58.5 騸6	鹿 52 牡5	鹿 57 牡4	栗 52 牝4	鹿 59 牡7	鹿 57.5 牡7	青鹿 56 牡4	青鹿 55 牡4
▲丹 内雄	▲林 誠	▲大竹	▲堀	横山武	▲村 山	内田博	▲西村淳	▲坂井	▲ルメール	▲酒 井	池 添
鹿戸雄①	小 林①	❀野中①	堀①	❀手塚①	清水久①	友 道①	髙 野①	栗 田①	堀①	松 永①	池 江①
2400	1500	4550	1500	5750	2400	2100	8050	3750	2700	6300	2400
7526	3570	14,522	3120	13,302	27,055	8040	12,780	28,421	10,390	17,888	5695
岡田牧雄	ケイアイS	カナヤマHD	窪田芳郎	村木克子	ラフィアン	亀井健也	社台RH	サンデーR	松本好雄	里 見 治	吉 川 潤
⑪増本牧場	圃松田牧場	圃三嶋牧場	圃坂東牧場	圃追 分F	⑪ノーザンF	⑪ノーザンF	⑮社台F	⑮社台F	圃白老F	圃三嶋牧場	圃ノーザンF	圃ヒダカF

2024年 目黒記念	1着⑨シュトルーヴェ	（1番人気）	馬連 6990円
	2着⑥シュヴァリエローズ	（10番人気）	3連複 5280円
	3着④クロミナンス	（2番人気）	3連単 34220円

106

注目サイン！

当年日経賞出走馬が連対中
日経賞での着順は問わない……近4年は1着！

18 年	ノーブルマーズ	2着	（日経賞8着）
19 年	ルックトゥワイス	1着	（日経賞6着）
20 年	アイスバブル	2着	（日経賞5着）
21 年	ウインキートス	1着	（日経賞15着）
22 年	ボッケリーニ	1着	（日経賞2着）
23 年	ヒートオンビート	1着	（日経賞6着）
24 年	シュトルーヴェ	1着	（日経賞1着）

C・ルメール騎手の±99馬が連対中
23年は6番人気ディアスティマ2着、馬連3890円！

21 年	－99馬ヒートオンビート	2着
22 年	－99馬マイネルウィルトス	2着
23 年	－99馬ディアスティマ	2着
24 年	－99馬シュトルーヴェ	1着

馬名頭文字か末尾「ス」馬か、その隣馬が3着以内
24年は10番人気シュヴァリエローズ2着、馬連6990円！

20 年	ステイフーリッシュ	自身	3着
21 年	ウインキートス	自身	1着
22 年	マイネルウィルトス	自身	2着
23 年	アリストテレス	隣馬サリエラ	3着
24 年	シュヴァリエローズ	自身	2着

※「ズ」も対象。18年から継続中。

川田将雅騎手の±93馬が3着以内
今のところ、2着ナシの極端な傾向

17 年	＋93馬フェイムゲーム	1着
18 年	－93馬ウインテンダネス	1着
19 年	－93馬ルックトゥワイス	1着
21 年	＋93馬ウインキートス	1着
23 年	－93馬サリエラ	3着
24 年	＋93馬クロミナンス	3着

※ 20、22 年は同騎手の騎乗ナシ。

函館スプリントS

GIII

2025年6月14日　函館芝1200m（3歳上）

当たり馬番は連動する！

正逆 1番2番

アルテミスS	函館スプリントS	
2020年【正14番】1着 ➡	2021年【正14番】ビアンフェ	1着
2021年【正7番】1着 ➡	2022年【正7番】ナムラクレア	1着
2022年【正10番】1着 ➡	2023年【逆10番】ジュビリーヘッド	2着
2023年【正4番】1着 ➡	2024年【正4番】サトノレーヴ	1着
2024年【正2番】1着 【正1番】2着	➡ **2025年【正逆1番、2番】**	

16 桃8 15	14 橙7 13	12 緑6 11	10 黄5 9	8 青4 7	6 赤3 5	4 黒2 3	2 白1 1
エンドレスビューティー④牝 ラブリーデイ②牡	シルバーステート②牡 アナバオリンプ③牡	ローズキングダム⑨牡 ロードカナロア⑩牡	クリーンエコロジー⑥牝 チェリートップルド②牝	ドレフォン②牡 ファインニードル⑥牡	ダークエンジェル⑨牡 リオンディーズ⑥牡	ロードカナロア⑩牡 アサクサキングス⑭牡	サウラビオリオン①牡 サウザンサニー①
ゾンニッヒ	マテンロウオリオン / セッシヨン	ビッグシーザー / ジュビリーヘッド	ウイングレイテスト / ジャスティンスカイ	カルネアサーダ / キミワクイーン	シナモンスティック / オタルエバー	サトノレーヴ / アサカラキング	カイザーメランジェ
鹿 57牡6	栗 57牡5 鹿 57牡4	鹿 57牡7 鹿 57牡4	芦 57牝5 鹿 59牡7	鹿 55牝5 栗 55牝6	芦 57牡6 鹿 55牝5	鹿 57牝5 鹿 57牡4	栗 57牡9 鹿 57牡5
武 豊G	横山和 藤岡佑	坂 井 富田	池 添 松 山	奥村武 鮫島駿	大 野 丹 内	浜 中 斎 藤	佐々木 菱 田
池江寿	昆	斉藤崇 西園正	富田 池	畠山吉 村山	大 竹 奈	角田晃 中 竹	矢作 鹿戸雄
3600	6200 2950	5050 5200	4450 7200	4800 4450	3800 4450	8420 9284	5750 6450
12,910	14,490 6750	11,920 15,400	10,400 23,998	12,136 12,140	10,311 10,850	8420 9284	15,569 6450
金子真人HC 追分	ノーザン 社台	ノーザン ノーザン	ウイン 浦河	吉田照哉	ノルマンディー アイルランド	白井牧場 盛岡牧場	ライフ ENT 千明牧

2024年	1着④サトノレーヴ	（2番人気）	馬連 3470円
函館	2着⑩ウイングレイテスト	（5番人気）	3連複 7080円
スプリントS	3着⑬ビッグシーザー	（3番人気）	3連単 40210円

注目サイン！

正逆7番が3着以内
22年は5番人気ジュビリーヘッド2着、馬連3100円

20 年	逆7番ジョーマンデリン	3着
21 年	正7番ミッキーブリランテ	3着
22 年	正7番ナムラクレア	1着
23 年	正7番ジュビリーヘッド	2着
24 年	逆7番ウイングレイテスト	2着

馬名頭文字か末尾「ア」馬か、その隣馬が3着以内
21年はお隣さんワンツーで馬連1010円

21 年	アルビニズム	隣馬ビアンフェ	1着
		隣馬カレンモエ	2着
22 年	ナムラクレア	自身	1着
23 年	レイハリア	隣馬トウシンマカオ	3着
24 年	アサカラキング	隣馬サトノレーヴ	1着

※ 19 年から継続中。

鮫島克駿騎手の±2馬が連対中
23年は3番人気キミワクイーン1着、単勝610円

21 年	−2馬ビアンフェ	1着
22 年	＋2馬ナムラクレア	1着
23 年	−2馬キミワクイーン	1着
24 年	＋2馬ウイングレイテスト	2着

武豊騎手の±3枠が3着以内
ここまでは−3枠が圧倒的優勢

16 年	−3枠レッツゴードンキ	3着
17 年	−3枠エポワス	3着
18 年	＋3枠ナックビーナス	3着
20 年	−3枠ダイメイフジ	2着
22 年	−3枠タイセイアベニール	3着
23 年	−3枠キミワクイーン	1着
24 年	−3枠ウイングレイテスト	2着

※ 19、21 年は同騎手の騎乗ナシ。

GIII 府中牝馬S

旧・マーメイドS

2025年6月22日　東京芝1800m（3歳上牝馬）

当たり馬番は連動する！

正逆 5番 11番

秋華賞	府中牝馬S	
2020年【正13番】1着 ➡	2021年【正13番】クラヴェル	2着
2021年【逆5番】1着 ➡	2022年【逆5番】マリアエレーナ	2着
2022年【逆10番】1着 ➡	2023年【逆10番】ビッグリボン	1着
2023年【正13番】1着 ➡	2024年【正13番】アリスヴェリテ	1着
2024年【正5番】1着 　　　【逆11番】1着	➡ **2025年【正逆5番、11番】**	

データは前年までのマーメイドS

2024年	1着⑬アリスヴェリテ	（4番人気）	馬連 1880円
マーメイド	2着⑮エーデルブルーメ	（1番人気）	3連複 6190円
S	3着⑥ホールネス	（6番人気）	3連単 31410円

注目サイン！

北村友一騎手の±44馬が連対中
22年は10番人気ウインマイティー勝ち、馬連5760円！

17 年　＋44 馬クインズミラーグロ　2着
18 年　－44 馬ワンブレスアウェイ　2着
19 年　＋44 馬レッドランディーニ　2着
20 年　＋44 馬センテリュオ　　　　2着
22 年　＋44 馬ウインマイティー　　1着
24 年　＋44 馬エーデルプルーメ　　2着
※ 21、23 年は同騎手の騎乗ナシ。

荻野極騎手の隣枠が2着以内
19年は7番人気サラス1着、単勝1420円

19 年　＋1枠サラス　　　　　　　1着
21 年　＋1枠クラヴェル　　　　　2着
22 年　＋1枠ソフトフルート　　　3着
24 年　＋1枠エーデルプルーメ　　2着
※ 17 年から継続中。20、23 年は同騎手の騎乗ナシ。

馬名頭文字か末尾「ス」馬か、その隣馬が3着以内
今のところ、末尾「ス」馬オンリー

21 年　アブレイズ　　　　　隣馬シャムロックヒル　1着
22 年　ハギノリュクス　　　隣馬マリアエレーナ　　2着
23 年　ホウオウエミーズ　　自身　　　　　　　　　3着
24 年　ホールネス　　　　　自身　　　　　　　　　3着
※「ズ」も対象。19 年から継続中。

前走5着馬か、その隣馬が3着以内
24年はワンツー、馬連1880円

20 年　センテリュオ　　　　自身　　　　　　　　　2着
21 年　シャドウディーヴァ　　自身　　　　　　　　3着
22 年　ステイブルアスク　　　隣馬ソフトフルート　　3着
23 年　ストーリア　　　　　　隣馬ウインマイティー　2着
24 年　エリカヴィータ　　　　隣馬アリスヴェリテ　　1着
　　　　　　　　　　　　　　隣馬エーデルブルーメ　2着

新設重賞 しらさぎS

旧・米子S

2025年6月22日　阪神芝1600m（3歳上）

当たり馬番は連動する！

正逆 1番3番

データは前年までの米子S

	2024年 米子S		
	1着②トゥードジボン	（4番人気）	馬連 2210円
	2着⑭ディオ	（3番人気）	3連複 14220円
	3着⑮アナゴサン	（10番人気）	3連単 71150円

注目サイン！

7枠が3着以内
23年は10番人気メイショウシンタケ1着、単勝9310円！

18年	7枠マサハヤドリーム	3着
19年	7枠シャイニービーム	3着
20年	7枠スマイルカナ	1着
21年	7枠ロータスランド	1着
22年	7枠ウインカーネリアン	1着
23年	7枠メイショウシンタケ	1着
24年	7枠ディオ	2着

岩田望来騎手の隣枠が3着以内
20年は9番人気ラセット2着、馬連8020円！

19年	−1枠リライアブルエース	2着
20年	−1枠ラセット	2着
21年	＋1枠クラヴァシュドール	3着
22年	＋1枠カイザーミノル	2着
23年	＋1枠メイショウシンタケ	1着
24年	＋1枠ディオ	2着

西村淳也騎手の±3枠が3着以内
22年は6番人気カイザーミノル2着、馬連3140円

20年	−3枠スマイルカナ	1着
21年	＋3枠クラヴァシュドール	3着
22年	−3枠カイザーミノル	2着
23年	−3枠ラインベック	2着
24年	−3枠ディオ	2着

注：出走頭数が指名の連対馬番に満たない場合は、その馬番まで循環させてください。

例えば「指名馬番が 16 番で、出走頭数が 15 頭だった場合」は【正循環①番馬、逆循環⑮番馬】（下の表1）、指名馬番が 13 番で、出走頭数が 10 頭だった場合は【正循環③番馬、逆循環⑧番馬】（下の表2）となります。

正循環・逆循環の詳細はp 7をご覧ください。

表1 ●15頭立てで指名が正逆16番だった場合

	⑮	⑭	⑬	⑫	⑪	⑩	⑨	⑧	⑦	⑥	⑤	④	③	②	①	←[馬　番]
	15	14	13	12	11	10	9	8	7	6	5	4	3	2	1	←[正　番]
	30	29	28	27	26	25	24	23	22	21	20	19	18	17	16	←[正循環]
[逆　番]→	1	2	3	4	5	6	7	8	9	10	11	12	13	14	15	
[逆循環]→	16	17	18	19	20	21	22	23	24	25	26	27	28	29	30	

表2 ●10頭立てで指名が正逆13番だった場合

	⑩	⑨	⑧	⑦	⑥	⑤	④	③	②	①	←[馬　番]
	10	9	8	7	6	5	4	3	2	1	←[正　番]
	20	19	18	17	16	15	14	13	12	11	←[正循環]
[逆　番]→	1	2	3	4	5	6	7	8	9	10	
[逆循環]→	11	12	13	14	15	16	17	18	19	20	

第4章 2025年ラジオNIKKEI賞～シリウスS GⅡ・GⅢ【連対馬】的中予言

GⅢ ラジオNIKKEI賞

2025年6月29日　福島芝1800m（3歳）

当たり馬番は連動する！

正逆　1番 9番

チャレンジC	ラジオNIKKEI賞	
2020年【正7番】1着 ➡	2021年【逆7番】ワールドリバイバル	2着
2021年【正11番】1着 ➡	2022年【逆11番】フェーングロッテン	1着
2022年【正10番】1着 ➡	2023年【逆10番】シルトホルン	2着
2023年【正5番】1着 ➡	2024年【正5番】オフトレイル	1着
2024年【正9番】1着 【正1番】2着	➡ **2025年【正逆1番、9番】**	

枠	馬番	馬名
桃8	12	ショーマンフリート
	11	ジュンゴールド
橙7	10	ミナデオロ
	9	ログラール
緑6	8	サトノシュトラーセ
	7	アレグロブリランテ
黄5	6	ウインマクシマム
	5	オフトレイル
青4	4	ヤマニンアドホック
赤3	3	セットアップ
黒2	2	メイショウヅラ
白1	1	シリウスコルト

2024年 ラジオ NIKKEI賞			
1着⑤オフトレイル	（6番人気）	馬連	2960円
2着①シリウスコルト	（4番人気）	3連複	7000円
3着④ヤマニンアドホック	（5番人気）	3連単	45740円

注目サイン！

1番人気馬の±55馬が3着以内
今のところ－55馬が激走！

19 年	ヒシイグアス	－ 55 馬マイネルサーパス	2着
20 年	パラスアテナ	－ 55 馬ディープキング	3着
21 年	ボーデン	－ 55 馬ノースブリッジ	3着
22 年	ボーンディスウェイ	－ 55 馬フェーングロッテン	1着
23 年	レーベンスティール	－ 55 馬シルトホルン	2着
24 年	サトノシュトラーセ	－ 55 馬シリウスコルト	2着

「三浦皇成騎手の±15馬」と
「三浦騎手か、その隣馬」がセットで馬券

19 年	－ 15 馬マイネルサーパス	2着
	三浦騎手の隣馬ゴータイミング	3着
20 年	＋ 15 馬ディープキング	3着
	三浦騎手自身パンサラッサ	2着
21 年	＋ 15 馬ワールドリバイバル	2着
	三浦騎手の隣馬ワールドリバイバル	2着
23 年	－ 15 馬エルトンバローズ	1着
	三浦騎手の隣馬エルトンバローズ	1着
24 年	＋ 15 馬ヤマニンアドホック	3着
	三浦騎手自身シリウスコルト	2着

※ 22 年は同騎手の騎乗ナシ。

菅原明良騎手の＋13馬と－19馬が3着以内
24年はワンツー、馬連2960円

21 年	＋ 13 馬ノースブリッジ	3着	－ 19 馬ノースブリッジ	3着
22 年	＋ 13 馬ショウナンマグマ	2着	－ 19 馬サトノヘリオス	3着
23 年	＋ 13 馬エルトンバローズ	1着	－ 19 馬エルトンバローズ	1着
24 年	＋ 13 馬シリウスコルト	2着	－ 19 馬オフトレイル	1着

※他に「戸崎圭太騎手の±71 馬が3 着以内」も継続中。

GⅢ 函館記念

2025年6月29日　函館芝2000m（3歳上）

当たり馬番は連動する！

正逆 7番 9番

天皇賞（秋）		函館記念	
2020年【逆4番】1着	➡	2021年【正4番】アイスバブル	2着
2021年【正5番】1着	➡	2022年【正5番】マイネルウィルトス	2着
2022年【正7番】1着	➡	2023年【正7番】ルビーカサブランカ	2着
2023年【逆5番】1着	➡	2024年【逆5番】ホウオウビスケッツ	1着
2024年【正7番】1着 　　　【逆9番】1着	➡	**2025年【正逆7番、9番】**	

2024年 函館記念	1着⑫ホウオウビスケッツ（3番人気）	馬連 4310 円
	2着④グランディア（4番人気）	3連複 122110 円
	3着⑨アウスヴァール（14番人気）	3連単 579230 円

注目サイン！

馬名頭文字「ア」馬か、その隣馬が3着以内
24年は14番人気アウスヴァール3着、3連単57万馬券！

20 年	アドマイヤジャスタ	自身	1着
21 年	アイスバブル	自身	2着
22 年	アラタ	隣馬スカーフェイス	3着
23 年	アラタ	隣馬ローシャムパーク	1着
24 年	アウスヴァール	自身	3着

池添謙一騎手の±5馬が3着以内
20年は15番人気アドマイヤジャスタ1着、単勝7730円！

20 年	−5馬アドマイヤジャスタ	1着
21 年	＋5馬アイスバブル	2着
22 年	−5馬スカーフェイス	3着
23 年	−5馬スカーフェイス	3着
24 年	−5馬ホウオウビスケッツ	1着

正逆8番が3着以内
今のところ、2着ナシの極端な傾向

21 年	正8番トーセンスーリヤ	1着
22 年	正8番スカーフェイス	3着
23 年	逆8番ローシャムパーク	1着
	正8番ブローザホーン	3着
24 年	逆8番アウスヴァール	3着

2〜4枠が連対中
20年は13番人気ドゥオーモ2着、馬連13万馬券！

18 年	4枠エアアンセム	1着
19 年	2枠マイスタイル	1着
20 年	3枠ドゥオーモ	2着
21 年	4枠トーセンスーリヤ	1着
22 年	3枠マイネルウィルトス	2着
23 年	4枠ルビーカサブランカ	2着
24 年	2枠グランディア	2着

GⅢ 北九州記念

2025年7月6日　小倉芝1200m（3歳上）

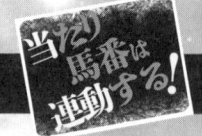

当たり馬番は連動する！

正逆 1番 13番

マーチS		北九州記念	
2020年【正2番】2着	➡	2021年【逆2番】ヨカヨカ	1着
2021年【正3番】1着	➡	2022年【正3番】タイセイビジョン	2着
2022年【正10番】2着	➡	2023年【逆10番】ママコチャ	2着
2023年【正12番】1着	➡	2024年【正12番】ピューロマジック	1着
2024年【正1番】1着 　　　【正13番】2着	➡	2025年【正逆1番、13番】	

2024年 北九州記念	1着⑫ピューロマジック（3番人気）	馬連 5980円
	2着⑯ヨシノイースター（9番人気）	3連複 257690円
	3着⑦モズメイメイ（16番人気）	3連単 798750円

120

注目サイン！

マル外馬か、その隣馬が3着以内
19年は9番人気ダイメイプリンセス1着、単勝3080円！

19 年	シャドウノエル	隣馬ダイメイプリンセス	1着
20 年	モズスーパーフレア	自身	2着
21 年	モズスーパーフレア	自身	3着
22 年	ジャンダルム	隣馬ナムラクレア	3着
23 年	ジャスパークローネ	自身	1着
24 年	ジャスパークローネ	隣馬ピューロマジック	1着

幸英明騎手の±3枠が3着以内
今のところ、＋3枠で占めている

21 年	＋3枠ファストフォース	2着
22 年	＋3枠ナムラクレア	3着
23 年	＋3枠ママコチャ	2着
24 年	＋3枠ビューロマジック	1着

※18年から継続中。

前走1200m重賞の連対馬が連対中
ただしCBC賞は24年から時期変更で……？

18 年	アレスバローズ	1着	（CBC賞1着）
19 年	ディアンドル	2着	（葵S1着）
20 年	モズスーパーフレア	2着	（高松宮記念1着）
21 年	ファストフォース	2着	（CBC賞2着）
22 年	タイセイビジョン	2着	（CBC賞2着）
23 年	ジャスパークローネ	1着	（CBC賞1着）
24 年	ピューロマジック	1着	（葵S1着）

酒井学騎手の±14馬が3着以内
20年は10番人気アウィルアウェイ3着、3連単9万馬券！

18 年	＋14馬アレスバローズ	1着
20 年	－14馬アウィルアウェイ	3着
21 年	＋14馬ファストフォース	2着
22 年	＋14馬ナムラクレア	3着
24 年	＋14馬ヨシノイースター	2着

※19、23年は同騎手の騎乗ナシ。

GⅢ 七夕賞

2025年7月13日　福島芝2000m（3歳上）

正逆 2番7番

富士S	七夕賞	
2020年【逆2番】2着 ➡	2021年【正2番】ロザムール	1着
2021年【逆1番】1着 ➡	2022年【逆1番】エヒト	1着
2022年【逆4番】2着 ➡	2023年【正4番】ククナ	2着
2023年【逆4番】2着 ➡	2024年【正4番】レッドラディエンス	1着
2024年【逆2番】1着 　　　【逆7番】2着	➡ 2025年【正逆2番、7番】	

			2024年 七夕賞	
	1着④レッドラディエンス	（2番人気）	馬連 900円	
	2着⑪キングズパレス	（1番人気）	3連複 5880円	
	3着⑦ノッキングポイント	（8番人気）	3連単 22990円	

注目サイン！

前走7着馬か、その隣馬が3着以内
七夕の七を忘れるな

20 年	クレッシェンドラヴ	自身	1着
21 年	カウディーリョ	隣馬ショウナンバルディ	3着
22 年	エヒト	自身	1着
23 年	エヒト	隣馬ホウオウエミーズ	3着
24 年	ダンテスヴュー	隣馬キングズパレス	2着

2枠か6枠が3着以内
軸選びに向くロングラン・セオリー

19 年	6枠ミッキースワロー	1着
20 年	2枠クレッシェンドラヴ	1着
21 年	2枠トーラスジェミニ	1着
22 年	6枠アンティシベイト	3着
23 年	2枠ククナ	2着
24 年	6枠キングズパレス	2着

※ 13 年から継続中。

田辺裕信騎手の±6馬が連対中
今のところ、＋6馬オンリー

18 年	＋6馬マイネルサージュ	2着
21 年	＋6馬トーラスジェミニ	1着
23 年	＋6馬セイウンハーデス	1着
24 年	＋6馬キングズパレス	2着

※ 16 年から継続中。19、20、22 年は同騎手の騎乗ナシ。

馬名頭文字か末尾「ト」馬か、その隣馬が3着以内
23年は13番人気ホウオウエミーズ3着、3連単27万馬券！

20 年	オセアグレイ<u>ト</u>	隣馬ブラヴァス	2着
21 年	<u>ト</u>ーラスジェミニ	自身	1着
22 年	エヒ<u>ト</u>	自身	1着
23 年	エヒ<u>ト</u>	隣馬ホウオウエミーズ	3着
24 年	ノッキングポイン<u>ト</u>	自身	3着

GⅢ 小倉記念

2025年7月20日　小倉芝2000m（3歳上）

当たり馬番は連動する！

正逆 6番17番

スワンS		小倉記念	
2020年【正4番】1着	➡	2021年【逆4番】ヒュミドール	2着
2021年【正2番】2着	➡	2022年【正2番】マリアエレーナ	1着
2022年【正3番】2着	➡	2023年【正3番】エヒト	1着
2023年【正3番】1着	➡	2024年【逆3番】コスタボニータ	2着
2024年【正17番】1着 　　　【正6番】2着	➡	**2025年【正逆6番、17番】**	

	桃⑧ 12	⑪	橙⑦ 10	⑨	緑⑥ 8	⑦	黄⑤ 6	⑤	青④ 4	赤③ 3	黒② 2	白① 1
	セントカメリア	ディープモンスター	コスタボニータ	ファユエン	コスモカレンドゥラ	シリウスコルト	テーオーシリウス	ヴェローナシチー	メモリーレゾン	レッドランメルト	グランスラムアスク	リフレーミング
	アドマイヤテレサ5勝①	ドゥラメンテ⑫ シスタリーラヴ 米⑰	ディープインパクト⑦ レディインゴールド	サクラバクシンオー① イスラボニータ 未勝⑪	ミルキーウェイ 1勝⑨	オールドフレイム 未勝④ マクフィ	ハロースカーレット 1勝⑧	エピファネイア③ エミヤエテルノ 未勝⑨	メモリーフィア 3勝⑫	ジャスタウェイ⑩ クインズアドヴァイス 亜④	ヒーリングパワー ディープインパクト⑭	キングヘイロー⑲ ディープインパクト公⑦
	鹿 53 牝6	青鹿 58.5 牡6	芦 56 牝5	鹿 53 牝6	栗 56 牡8	鹿 54 牝3	芦 54 牝5	鹿 56 牡5	黒鹿 54 牝5	鹿 56 牡5	鹿 54 牝5	鹿 57 牡6
	幸	中	坂井	菊 沢	和田竜	西村淳	酒井	団野	古川吉	吉田豊	永島	川田
	高野	池江寿	杉山佳	勢	柏 谷	西村豊	奥村武	佐々木晶	長谷川	国 枝	矢 作	鮫 島
	2400	4700	4400	2400	3600	1800	3250	1500	2900	2400	2400	3800
	7021	14,530	14,222	6282	10,550	5630	8213	7270	8830	6260	7060	14,668
	シルクR	DMMドリームC	谷掛龍夫	谷 岡 繊	ビッグレッドF	飯田正剛	小笹公也	友駿HC	シンザンC	東京HR	鹿商利洋HD	栗 山 学
	ノーザンF	矢野牧場	社台F	谷岡牧	ビッグレッドF	千代田牧場	ヤナガ	下河辺牧場	社台牧場	下河辺牧場	橋本牧場	

2024年 **小倉記念**	1着①リフレーミング	（1番人気）	馬連 1670 円
	2着⑩コスタボニータ	（4番人気）	3連複 2210 円
	3着⑪ディープモンスター	（2番人気）	3連単 10570 円

注目サイン！

正逆47番が3着以内
23年は5番人気テーオーシリウス2着、馬連3870円

17 年	正 47 番サンマルティン	2着
18 年	正 47 番トリオンフ	1着
19 年	正 47 番メールドグラース	1着
20 年	正 47 番サトノガーネット	2着
21 年	正 47 番ヒュミドール	2着
22 年	逆 47 番マリアエレーナ	1着
23 年	逆 47 番テーオーシリウス	2着
24 年	正 47 番ディープモンスター	3着

幸英明騎手の±23馬が3着以内
今のところ＋23馬、しかもほぼ3着

20 年	＋ 23 馬アウトライアーズ	3着
21 年	＋ 23 馬スーパーフェザー	3着
22 年	＋ 23 馬ヒンドゥタイムズ	2着
23 年	＋ 23 馬ゴールドエクリプス	3着
24 年	＋ 23 馬ディープモンスター	3着

川田将雅騎手の±63馬が3着以内
21年は6番人気モズナガレボシ1着、単勝960円

17 年	＋ 63 馬サンマルティン	2着
19 年	＋ 63 馬ノーブルマーズ	3着
20 年	＋ 63 馬アウトライアーズ	3着
21 年	－ 63 馬モズナガレボシ	1着
23 年	＋ 63 馬テーオーシリウス	2着
24 年	－ 63 馬コスタボニータ	2着

※ 18、22 年は同騎手の騎乗ナシ。

GⅢ 函館2歳S

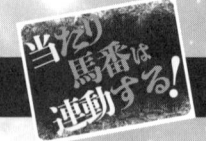

2025年7月20日　函館芝1200m（2歳）

正逆 3番7番

サウジアラビアRC	函館2歳S	
2020年【逆6番】2着 ➡	2021年【正6番】カイカノキセキ	2着
2021年【逆2番】1着 ➡	2022年【逆2番】ブトンドール	1着
2022年【逆9番】2着 ➡	2023年【正9番】ナナオ	2着
2023年【逆7番】2着 ➡	2024年【正7番】サトノカルナバル	1着
2024年【逆7番】1着 　　　【逆3番】2着	➡ 2025年【正逆3番、7番】	

枠	14 桃8 13	12 橙7 11	10 緑6 9	8 黄5 7	6 青4 5	4 赤3 3	黒2	白1
馬名	ヤンキーバローズ／エメラヴィ	オカメノコイ／シュードタキライト	カルプスペルシュ／ヴーレヴ	サトノカルナバル／ラインパシオン	ニシノラヴァンダ／モズナナスター	ヒデノブルースカイ／リリーフィールド	チギリ	エンドレスサマー
騎手	岩田康／横山武	藤岡佑／丹内	鮫島駿／武	大江原比／佐々木	永野／高杉	小崎／武	横山和／北村友	上原佑

2024年 函館2歳S

2024年 函館2歳S	1着⑦サトノカルナバル （1番人気）	馬連 2280 円
	2着⑤ニシノラヴァンダ （8番人気）	3連複 3780 円
	3着①エンドレスサマー （2番人気）	3連単 18580 円

注目サイン！

藤岡佑介騎手の±7馬が3着以内
今のところ、＋7馬オンリー

19 年	＋7馬プリンスリターン	3着
21 年	＋7馬ナムラリコリス	1着
22 年	＋7馬クリダーム	2着
23 年	＋7馬ナナオ	2着
24 年	＋7馬ニシノラヴァンダ	2着

※20年は同騎手の騎乗ナシ。他に「浜中俊騎手の±44馬が3着以内」も継続中。

武豊騎手の隣枠が3着以内
20年は10番人気リンゴアメ1着、単勝4730円！

20 年	－1枠リンゴアメ	1着
21 年	＋1枠ナムラリコリス	1着
22 年	－1枠オマツリオトコ	3着
23 年	－1枠ナナオ	2着
24 年	＋1枠ニシノラヴァンダ	2着

前走1番人気で1着馬が3着以内
22年以外は1着の素晴らしいセオリー

19 年	ビアンフェ	1着
20 年	リンゴアメ	1着
21 年	ナムラリコリス	1着
22 年	オマツリオトコ	3着
23 年	ゼルトザーム	1着
24 年	サトノカルナバル	1着

馬名頭文字か末尾「ル」馬か、その隣馬が3着以内
22年は4番人気ブトンドール1着、単勝700円

20 年	ルーチェドーロ	自身	2着
21 年	ラブミードール	隣馬カイカノキセキ	2着
22 年	ブトンドール	自身	1着
23 年	ルージュレベッカ	隣馬ゼルトザーム	1着
24 年	サトノカルナバル	自身	1着

GⅢ 関屋記念

2025年7月27日　新潟芝1600m（3歳上）

当たり馬番は連動する！

正逆 3番 16番

阪急杯	関屋記念	
2020年【正6番】2着 ➡	2021年【正6番】ロータスランド	1着
2021年【正6番】2着 ➡	2022年【正6番】シェリ	2着
2022年【正1番】2着 ➡	2023年【正1番】ディヴィーナ	2着
2023年【正5番】2着 ➡	2024年【逆5番】ディオ	2着
2024年【正16番】2着 【逆3番】2着	➡ 2025年【 正逆 3 番、16番 】	

2024 年 関屋記念	1着⑮トゥードジボン	（3番人気）	馬連 3740 円					
	2着⑭ディオ	（8番人気）	3連複 5050 円					
	3着⑥ジュンブロッサム	（1番人気）	3連単 30060 円					

注目サイン！

津村明秀騎手の±16馬が3着以内
21年は6番人気カラテ2着、馬連6710円！

17 年	＋16 馬ウインガニオン	2着
18 年	－16 馬プリモシーン	1着
19 年	＋16 馬ミエノサクシード	2着
20 年	－16 馬サトノアーサー	1着
20 年	－16 馬サトノアーサー	1着
21 年	＋16 馬カラテ	2着
22 年	＋16 馬ダノンザキッド	3着
23 年	－16 馬ラインベック	3着
24 年	－16 馬ディオ	2着

※他に「C・ルメール騎手の枠が3着以内」も継続中。

前走④番ゲート馬か、その隣馬が3着以内
23年4番人気アヴェラーレ1着、単勝680円

21 年	カラテ	自身	2着
22 年	ダノンザキッド	自身	3着
23 年	フォルコメン	隣馬アヴェラーレ	1着
24 年	メイショウシンタケ	隣馬ジュンブロッサム	3着

※ 19 年から継続中。

7枠か8枠が連対中
やっぱり外枠、過去21年で20回連対

12 年	7枠ドナウブルー	1着
13 年	8枠ジャスタウェイ	2着
14 年	7枠クラレント	1着
15 年	8枠レッドアリオン	1着
16 年	8枠ヤングマンパワー	1着
17 年	8枠ウインガニオン	2着
18 年	7枠プリモシーン	1着
19 年	7枠ミッキーグローリー	1着
20 年	8枠サトノアーサー	1着
21 年	7枠カラテ	2着
22 年	7枠ウインカーネリアン	1着
23 年	8枠ラインベック	3着
24 年	7枠トゥードジボン	1着

※ 04 年から継続中。23 年のみ3着。

GIII 東海S

旧・プロキオンS

2025年7月27日　中京ダ1400m（3歳上）

当たり馬番は連動する！

正逆 1番5番

ラジオNIKKEI賞	東海S	
2020年【正11番】2着 ➡	2021年【逆11番】トップウィナー	2着
2021年【正10番】2着 ➡	2022年【正10番】ヒストリーメイカー	2着
2022年【正7番】2着 ➡	2023年【正7番】ドンフランキー	1着
2023年【正6番】1着 ➡	2024年【逆6番】ヤマニンウルス	1着
2024年【正5番】1着 　　　【正1番】2着	➡ 2025年【正逆1番、5番】	

データは前年までのプロキオンS

	2024年 プロキオンS	
1着⑪ヤマニンウルス	（1番人気）	馬連 710円
2着⑤スレイマン	（3番人気）	3連複 11250円
3着①マリオロード	（12番人気）	3連単 25360円

注目サイン！

前走9番人気馬の隣馬が3着以内
21年は9番人気メイショウカズサ1着、単勝1980円

19 年	アードラー	隣馬ミッキーワイルド	2着
20 年	スマートアヴァロン	隣馬エアスピネル	2着
21 年	アヴァンティスト	隣馬メイショウカズサ	1着
22 年	サクラアリュール	隣馬ヒストリーメイカー	2着
23 年	メイショウテンスイ	隣馬リメイク	2着
24 年	ラインオブソウル	隣馬マリオロード	3着

荻野極騎手の±49馬が3着以内
22年は12番人気サクラアリュール3着、3連単71万馬券！

17 年	＋49馬カフジテイク	2着
20 年	－49馬ヤマニンアンプリメ	3着
22 年	＋49馬サクラアリュール	3着
23 年	－49馬ドンフランキー	1着
24 年	－49馬マリオロード	3着

※ 18、19、21年は同騎手の騎乗ナシ。

武豊騎手の±42馬が3着以内
今のところ－42馬が激走！

18 年	－42馬マテラスカイ	1着
19 年	－42馬ミッキーワイルド	2着
20 年	－42馬サンライズノヴァ	1着
24 年	－42馬マリオロード	3着

※ 21〜23年は同騎手の騎乗ナシ。

馬名頭文字か末尾「ト」馬か、その隣馬が3着以内
22年はワンツー、馬連2万馬券！

20 年	トップウイナー	隣馬エアスピネル	2着
21 年	トップウイナー	自身	2着
22 年	トップウイナー	隣馬ゲンパチルシファー	1着
		隣馬ヒストリーメイカー	2着
23 年	ドンフランキー	自身	1着
24 年	マリオロード	自身	3着

※ 「ド」も対象。18年から継続中。

CIII アイビスサマーD

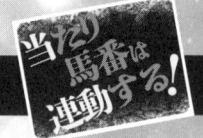
当たり馬番は連動する！

2025年8月3日 新潟芝1000m（3歳上）

正逆 1番2番

アルテミスS	アイビスサマーD	
2020年【正6番】2着	➡ 2021年【逆6番】ライオンボス	2着
2021年【正2番】2着	➡ 2022年【逆2番】シンシティ	2着
2022年【正3番】2着	➡ 2023年【正3番】オールアットワンス	1着
2023年【正4番】1着	➡ 2024年【逆4番】モズメイメイ	1着
2024年【正2番】1着 【正1番】2着	➡ 2025年【正逆1番、2番】	

	18桃8	17桃8	16桃7	15橙7	14橙7	13橙6	12緑6	11緑5	10黄5	9黄4	8青4	7青3	6赤3	5赤2	4黒2	3黒1	2白1	1白
	メディーヴァル	テイエムスパーダ	ディヴィナシオン	モズメイメイ	デュアリスト	チェスザドリーム	ウイングレイテスト	アビッグチア	ファイアダンサー	グレイトゲイナー	マイヨアポア	ハギノメーテル	クムシロ	マウンテンムスメ	⑱ジャズバローズ	ロードベイリー	ショウナンマハ	リブレーザ
	57牡5	57牡7	57牡5	55牝4	57牡7	57牡G	59牡7	55牝4	55牝6	57牝4	55牝6	57牡4	57牝G	57牝5	55牡6	57牡7	57牝5	58牝6
	小崎	酒井	菱田	松山	国分恭	菅原明	横山和	丸山	水野	鈴木大	和田竜	笹川翼	石川	毛利	西村淳	秀	田辺	石橋脩
	2700	6500	3250	5500	5750	5550	8000	2400	3600	2400	1500	2400	1500	5512	6500	2400	1500	5820
	8302	13,880	12,383	12,230	13,680	12,230	25,598	6478	11,366	5214	3232	9071	17,890	11,560	6550

2024年	1着⑮モズメイメイ	（3番人気）	馬連 2570円
アイビス	2着⑫ウイングレイテスト	（2番人気）	3連複 9560円
サマーD	3着⑰テイエムスパーダ	（8番人気）	3連単 49760円

注目サイン！

前走3着馬か、その隣馬が連対中
近4年は自身が連対している

20 年	ダイメイプリンセス	隣馬ジョーカナチャン	1着
21 年	オールアットワンス	自身	1着
22 年	シンシティ	自身	2着
23 年	トキメキ	自身	2着
24 年	モズメイメイ	自身	1着

石橋脩騎手の±21馬が3着以内
19年は9番人気オールポッシブル3着、3連単2万馬券！

13 年	－ 21 馬ハクサンムーン	1着
16 年	－ 21 馬ベルカント	1着
17 年	＋ 21 馬ラインミーティア	1着
19 年	－ 21 馬オールポッシブル	3着
20 年	－ 21 馬ライオンボス	2着
24 年	－ 21 馬テイエムスパーダ	3着

※ 14、15、18、21 ～ 23 年は同騎手の騎乗ナシ。

1番人気馬の±4馬が3着以内
23年は12番人気ロードベイリーフ3着、3連単80万馬券！

20 年	ライオンボス	－4馬ジョーカナチャン	1着
21 年	オールアットワンス	＋4馬バカラクイーン	3着
22 年	ヴェントヴォーチェ	＋4馬シンシティ	2着
23 年	ファイアダンサー	＋4馬ロードベイリーフ	3着
24 年	チェイスザドリーム	＋4馬テイエムスパーダ	3着

牝馬が1着継続中
5年連続、アタマはこれ!?

20 年	ジョーカナチャン	1着
21 年	オールアットワンス	1着
22 年	ビリーバー	1着
23 年	オールアットワンス	1着
24 年	モズメイメイ	1着

GⅢ クイーンS

2025年8月3日　札幌芝1800m（3歳上牝馬）

当たり馬番は連動する！

正逆 6番13番

エプソムC		クイーンS
2020年【正6番】1着	➡	2021年【正6番】マジックキャッスル　2着
2021年【逆4番】1着	➡	2022年【正4番】サトノセシル　2着
2022年【逆7番】1着	➡	2023年【正7番】ドゥーラ　1着
2023年【逆3番】1着	➡	2024年【逆3番】コガネノソラ　1着
2024年【正6番】1着 【逆13番】1着	➡	2025年【正逆6番、13番】

14 桃 8	13	12 橙 7	11	10 緑 6	9	8 黄 5	7	6 青 4	5	4 赤 3	3	黒 2	白 1
モリアーナ	ドゥアイズ	コガネノソラ	エリカヴィータ	キタウイング	スタニングローズ	ウインピクシス	アルジーヌ	コンクシェル	㉔モズゴールドバレル	ラリュエル	イフェイオン	ウンブライル	ボンドガール
ガルデルスリール②	ローズマンブリッジ②勝	ゴールドシップ③	マルシャーン③	キングカメハメハ④勝	ダノンバラード⑩	キングズベスト③	キャトルフィーユ③	ザナキスト①	スウィーターミラコー⑤勝	カナロア②	エピファネイア①	ルーラーシップ⑬	ダイワメジャー⑧
鹿 57 牝4	鹿 55 牝4	芦 51 牝4	青 56 牝5	鹿 55 牝4	栗 57 牝5	芦 55 牝5	黒鹿 55 牝4	藤 56 牝4	鹿 55 牝5	栗 55 牝5	芦 52 牝3	鹿 55 牝4	鹿 51 牝3
武 藤	藤 鮫島駿	岩 田望	丹 内	池 添	北村宏	上原佑	横山和	清水久	横山武	佐々木	西村淳	ルメール	武 豊
3600	3150	2100	2100	3850	3150	2400	3150	2400	7315	2400	2300	5800	2100
12,670	13,390	3813	6960	7430	12,900	28,010	8870	6524	10,533	7480	5830	11,900	4220

2024年クイーンS

1着⑫コガネノソラ　（5番人気）	馬連 3020 円
2着①ボンドガール　（2番人気）	3連複 15280 円
3着⑦アルジーヌ　（7番人気）	3連単 85950 円

注目サイン！

正逆43番が3着以内
20年は11番人気レッドアネモス1着、単勝4370円！

17 年	正	43 番	クインズミラーグロ	3着
18 年	逆	43 番	ソウルスターリング	3着
19 年	逆	43 番	カリビアンゴールド	3着
20 年	正	43 番	レッドアネモス	1着
21 年	逆	43 番	マジックキャッスル	2着
22 年	正	43 番	テルツェット	1着
23 年	正	43 番	コスタボニータ	3着
24 年	正	43 番	ボンドガール	2着

横山武史騎手の±29馬が3着以内
22年は8番人気サトノセシル2着、馬連6320円！

21 年	－ 29 馬	テルツェット	1着
22 年	＋ 29 馬	サトノセシル	2着
	－ 29 馬	ローザノワール	3着
23 年	－ 29 馬	コスタボニータ	3着
24 年	＋ 29 馬	アルジーヌ	3着

前走GⅠ組が連対中
不動のロングラン・セオリーは25年も……

12 年	アイムユアーズ	1着
13 年	アイムユアーズ	1着
14 年	キャトルフィーユ	1着
15 年	レッドリヴェール	2着
16 年	シャルール	2着
17 年	アエロリット	1着
18 年	ディアドラ	1着
19 年	ミッキーチャーム	1着
20 年	ビーチサンバ	2着
21 年	テルツェット	1着
22 年	テルツェット	1着
23 年	ドゥーラ	1着
24 年	コガネノソラ	1着

※ 10年から継続中。他に「丹内祐次騎手の±5馬が3着以内」も継続中。

G-III エルムS

2025年8月9日　札幌ダ1700m（3歳上）

正逆 1番 12番

京王杯スプリングC	エルムS	
2020年【逆2番】2着 ➡	2021年【逆2番】オメガレインボー	2着
2021年【逆6番】2着 ➡	2022年【逆6番】フルデプスリーダー	1着
2022年【逆9番】2着 ➡	2023年【逆9番】セキフウ	1着
2023年【逆9番】2着 ➡	2024年【正9番】ペイシャエス	1着
2024年【逆1番】1着 【逆12番】2着	➡ 2025年【正逆1番、12番】	

		14 桃 8	13		12 橙 7	11		10 緑 6	9		8 黄 5		6 青 4	5		4 赤 3	3		黒 2	白 1
		プロミストウォリア	ベルダーイメル		テーオードレフォン	タガノクリステル		ドゥラエレーデ	ペイシャエス		シルトプレ	ミトノオー		サヴァ	ホウオウアマゾン		ナチュラルハイ	ヴィクティファルス		ユティタム	フルム
		庸 58 牡7	栗 57 牡7		栗 57 牡5	鹿 55 牝5		栗 57 牡6	栗 58 牡5		栗 57 牝5	鹿 58 牡4		栗 57 牡6	栗 57 牡6		栗 57 牡5	鹿 58 牝6		栗 57 牡4	栗 57 牡5
		西村淳	富田	丸	山	古川吉		武 豊	横山和		石川	松 山		岩田康	菱田		永 野	池 添		佐々木	浜 田
		7050	5200		3600	9379		5550	5130		7000	5300		6200	3600		5050	3300	3600
		14,340	14,483			10,490		21,097	15,280		10,580	14,970		10,400	17,120		9652	12,000	G750	10,778

2024年 エルムS	1着⑨ペイシャエス	（5番人気）	馬連 2020円
	2着⑩ドゥラエレーデ	（1番人気）	3連複 12380円
	3着⑫テーオードレフォン	（10番人気）	3連単 86710円

注目サイン！

1番人気馬か、その隣馬が3着以内
23年は4番人気ワールドタキオン2着、馬連3910円

16 年	モンドクラッセ	自身	3着
17 年	テイエムジンソク	自身	2着
18 年	ミツバ	自身	3着
19 年	グリム	隣馬ハイランドピーク	2着
20 年	タイムフライヤー	自身	1着
21 年	アメリカンシード	隣馬スワーヴアラミス	1着
22 年	ブラッティーキッド	隣馬オメガレインボー	3着
23 年	ペプチドナイル	隣馬ワールドタキオン	2着
24 年	ドゥラエレーデ	自身	2着

菱田裕二騎手の±2枠が連対中
今のところ、＋2枠が6/7で1着

13 年	＋2枠フリートストリート	1着
14 年	＋2枠ローマンレジェンド	1着
15 年	＋2枠ジェベルムーサ	1着
19 年	＋2枠モズアトラクション	1着
21 年	＋2枠スワーヴアラミス	1着
22 年	＋2枠ウェルドーン	2着
24 年	＋2枠ペイシャエス	1着

※ 16 〜 18、20、23 は同騎手の騎乗ナシ。他に「武豊騎手か、その隣馬が3着以内」
も継続中。

馬名頭文字か末尾「ト」馬の隣馬が連対中
17年はワンツー、馬連850円

17 年	ドリームキラリ	隣馬ロンドンタウン	1着
		隣馬テイエムジンソク	2着
18 年	リッカルド	隣馬ドリームキラリ	2着
19 年	ドリームキラリ	隣馬モズアトラクション	1着
20 年	ワイルドカード	隣馬ウェスタールンド	2着
21 年	アメリカンシード	隣馬スワーヴアラミス	1着
22 年	ブラックアーメット	隣馬フルデプスリーダー	1着
24 年	ドゥラエレーデ	隣馬ペイシャエス	1着

※「ド」も対象。23年は該当馬の出走ナシ。

GⅢ レパードS

正逆 6番 17番

エプソムC	レパードS
2020年【正1番】2着 ➡	2021年【逆1番】メイショウムラクモ　1着
2021年【正15番】2着 ➡	2022年【正15番】カフジオクタゴン　1着
2022年【正6番】1着 ➡	2023年【正6番】オメガギネス　2着
2023年【正15番】1着 ➡	2024年【逆15番】ミッキーファイト　1着
2024年【正6番】1着　【正17番】2着	➡ 2025年【正逆6番、17番】

2024年 レパードS			
1着①ミッキーファイト	（1番人気）	馬連	7720円
2着⑭サトノフェニックス	（11番人気）	3連複	22770円
3着⑨ミッキークレスト	（6番人気）	3連単	104110円

138

注目サイン！

前走⑦番ゲート馬か、その隣馬が3着以内
21年は10番人気スウィープザボード2着、馬連5240円！

18 年	グリム	自身	1着
19 年	ハヤブサナンデクン	隣馬トイガー	3着
21 年	スウィープザボード	自身	2着
22 年	タイセイドレフォン	自身	2着
23 年	オメガギネス	自身	2着
24 年	ソニックスター	隣馬ミッキークレスト	3着

※17年から継続中。20年は該当馬の出走ナシ。

吉田豊騎手の±11馬が3着以内
23年は5番人気ライオットガール1着、単勝1190円

16 年	＋11 馬グレンツェント	1着
17 年	＋11 馬エピカリス	3着
23 年	－11 馬ライオットガール	1着
24 年	＋11 馬ミッキーファイト	1着

※12年から継続中。18～22年は同騎手の騎乗ナシ。

M・デムーロ騎手の±10馬が連対中
22年は7番人気カフジオクタゴン1着、単勝2160円

15 年	－10 馬ダノンリバティ	2着
16 年	－10 馬ケイティブレイブ	2着
20 年	＋10 馬ケンシンコウ	1着
22 年	＋10 馬カフジオクタゴン	1着
24 年	＋10 馬サトノフェニックス	2着

※17～19、21、23年は同騎手の騎乗ナシ。他に「三浦皇成騎手の±5馬が3着以内」
も継続中。

馬名頭文字か末尾「ス」馬か、その隣馬が連対中
23年は3番人気オメガギネス2着、馬連3790円

21 年	スウィープザボード	自身	2着
22 年	ヘラルドバローズ	隣馬カフジオクタゴン	1着
23 年	オメガギネス	自身	2着
24 年	サトノフェニックス	自身	2着

※「ズ」も対象。

GⅢ CBC賞

2025年8月10日 中京芝1200m（3歳上）

当たり馬番は連動する！

正逆 2番 13番

ステイヤーズS	CBC賞	
2020年【逆3番】2着 ➡	2021年【正3番】ファストフォース	1着
2021年【正5番】2着 ➡	2022年【正5番】テイエムスパーダ	1着
2022年【逆3番】2着 ➡	2023年【逆3番】ジャスパークローネ	1着
2023年【逆6番】2着 ➡	2024年【正6番】スズハローム	2着
2024年【正13番】2着 【逆2番】2着	➡ 2025年【正逆2番、13番】	

枠	18 桃8	17 桃8	16	15 橙7	14 橙7	13 橙7	12 緑6	11 緑6	10 黄5	9 黄5	8 青4	7 青4	6 赤3	5 赤3	4 黒2	3	2 白1	1 白1
	アネゴハダ	カリボール	アグリ	メイショウラナキア	ヤマニンウラヌス	レッドヒルシューズ	ショウナンハクラク	カンチェンジュンガ	グレイトゲイナー	ヤクシマ	ブーケファロス	サウンドビバーチェ	ジャスティンスカイ	スズハローム	グランテスト	スコールユニバンス	バースクライ	キタノエクスプレス
	56牝5	56牡8	56牡8	56牡5	56牡4	56牡5	55牡4	56牡5	55牡4	55牝4	56牡4	56牝5	56牡5	52牝4	56牡4	54牝4	54牝5	56牡6
	角田本	杉原	西村淳	酒井	団野	小沢	永島	斎藤	西塚	和田	松山	永島	鮫島駿	坂井	国分優	横山和	岡田	
	2400	3600	6550	2400	2400	2400	3600	2500	2400	2400	4400	2400	2400	2400	2400	2400	2400	2400
	10,840	10,484	16,136	7030	6965	6308	5688	11,366	5990	8818	4,020	10,400	6880	6520	7312	7110	6610	8434

2024年 CBC賞	1着①ドロップオブライト （6番人気）	馬連 3640 円
	2着⑥スズハローム （3番人気）	3連複 6930 円
	3着⑤グランテスト （2番人気）	3連単 44730 円

注目サイン！

和田竜二騎手の±50馬か±98馬が3着以内
重ならなければ、セットで狙える

19 年	－ 50 馬レッドアンシェル	1着
20 年	－ 50 馬レッドアンシェル	3着
	＋ 98 馬アンヴァル	2着
21 年	－ 50 馬ピクシーナイト	2着
	＋ 98 馬ファストフォース	1着
22 年	＋ 50 馬タイセイビジョン	2着
	＋ 98 馬テイエムスパーダ	1着
23 年	＋ 50 馬サンキューユーガ	2着
24 年	＋ 50 馬グランテスト	3着
	－ 98 馬ドロップオブライト	1着

前走⑧番ゲート馬の隣馬が連対中
23年は7番人気ジャスパークローネ1着、単勝2820円

21 年	メイショウカリン	隣馬ピクシーナイト	2着
22 年	スナークスター	隣馬タイセイビジョン	2着
23 年	トゥラヴェスーラ	隣馬ジャスパークローネ	1着
24 年	アネゴハダ	隣馬ドロップオブライト	1着

馬名頭文字か末尾「ス」馬か、その隣馬が3着以内
22年は3番人気タイセイビジョン2着、馬連1770円

18 年	アレスバローズ	自身	1着
19 年	アレスバローズ	自身	2着
20 年	ナインテイルズ	隣馬レッドアンシェル	3着
21 年	ファストフォース	自身	1着
22 年	スナークスター	隣馬タイセイビジョン	2着
23 年	スマートクラージュ	自身	3着
24 年	スズハローム	自身	2着

※「ズ」も対象。他に「馬名頭文字か末尾『ア』馬か、その隣馬が3着以内」も継続中。

GⅢ 中京記念

2025年8月17日　中京芝1600m（3歳上）

当たり馬番は連動する！

正逆 10番 14番

ニュージーランドT	中京記念
2020年【逆3番】2着 ➡	2021年【正3番】アンドラステ　　1着
2021年【逆11番】1着 ➡	2022年【正11番】カテドラル　　2着
2022年【逆6番】1着 ➡	2023年【正6番】セルバーグ　　1着
2023年【逆2番】2着 ➡	2024年【正2番】アルナシーム　1着
2024年【逆10番】1着 【逆14番】2着	➡ 2025年【正逆10番、14番】

	桃8		橙7		緑6		黄5		青4		赤3		黒2	白1
14	13	12	11	10	9	8		7	6	5		4	3	2	1
ロングラン	ニホンピロキーフ	キタサンアイル	アナゴサン	ソレイユヴィータ	ボーデン	タガノパッション	エルトンバローズ	エピファニー	カテドラル	セシリアワールドリバイバル	セルバーグ	アルナシーム	テーオーシリウス

2024 年 中京記念	1着②アルナシーム	（5番人気）	馬連 1630 円
	2着⑥エピファニー	（2番人気）	3連複 3570 円
	3着⑦エルトンバローズ	（1番人気）	3連単 22670 円

注目サイン！

前走東京コースを走った馬が3着以内
20年以外は前走東京の重賞組が連対

18 年	グレーターロンドン	1着	（前走京王杯SC）
19 年	グルーヴィット	1着	（前走NHKマイルC）
20 年	メイケイダイハード	1着	（前走欅S ※オープン特別）
21 年	カテドラル	2着	（前走安田記念）
22 年	カテドラル	2着	（前走安田記念）
23 年	ディヴィーナ	2着	（前走ヴィクトリアM）
24 年	アルナシーム	1着	（前走エプソムC）

西村淳也騎手の±15馬が3着以内
20年は6番人気ラセット2着、馬連8万馬券！

20 年	＋15馬ラセット	2着
21 年	＋15馬アンドラステ	1着
22 年	－15馬ファルコニア	3着
23 年	＋15馬ルージュスティリア	3着
24 年	－15馬エピファニー	2着

松若風馬騎手の±61馬が3着以内
20年は18番人気メイケイダイハード大駆け！単勝万馬券！

18 年	＋61馬リライアブルエース	3着
19 年	－61馬クリノガウディー	2着
20 年	－61馬メイケイダイハード	1着
21 年	＋61馬カテドラル	2着
24 年	＋61馬アルナシーム	1着

※ 22、23 年は同騎手の騎乗ナシ。

参考：前走惨敗（二ケタ着順）組が突如復活、しかも連対
常識がなかなか通用しない……

19 年	グルーヴィット	1着	（前走 10 着）
20 年	メイケイダイハード	1着	（前走 11 着）
21 年	カテドラル	2着	（前走 12 着）
22 年	カテドラル	2着	（前走 18 着）
23 年	セルバーグ	1着	（前走 12 着）
24 年	エピファニー	2着	（前走 10 着）

GII 札幌記念

正逆 10番 15番

オーシャンS	札幌記念
2020年【正10番】2着 ➡	2021年【逆10番】ラヴズオンリーユー　2着
2021年【正3番】2着 ➡	2022年【正3番】パンサラッサ　2着
2022年【正10番】2着 ➡	2023年【正10番】トップナイフ　2着
2023年【正1番】2着 ➡	2024年【逆1番】ノースブリッジ　1着
2024年【正15番】1着 【正10番】2着	➡ 2025年【正逆10番、15番】

	12 桃 8 11	10 橙 7 9	8 緑 6 7	6 黄 5 5	青 4	赤 3	黒 2	白 1
	プログノーシス	モズゴールドバレル オプティマイザー	アウスヴァール ノヴェリスト	チャックネイト	ボッケリーニ	ジ・オグリフ	ドウラエレーデ	
	ノースブリッジ アメージングムーン	スウィーターアイ スウェルダ英	ホウオウアマゾン カネッスペシャル	トップナイフ ゴジップガール米	シャフリヤール	ハーツクライ	アロマティコ英	マルケッサ未勝
	鹿 58 牡6	鹿 56 牝5	鹿 58 牡6	鹿 58 牡4	鹿 58 牡6	栗 58 牡5	黒 58 牡3	
	岩田康 川　田	池添 横山典	古川吉 護　田	田辺 佐々木	武豊 浜中	横山武	藤岡佑	
	7650	2400	2400	5700	48,790	18,600	10,300	5960
	19,291 44,543	7315 34,780	9790 17,120	14,331	121,760 44,690	44,579 22,597		

注目サイン！

正逆13番が1着継続中
これは美味しい！24年ノースブリッジは単勝1450円！

20 年	正 13 番	ノームコア	1着
21 年	正 13 番	ソダシ	1着
22 年	逆 13 番	ジャックドール	1着
23 年	正 13 番	プログノーシス	1着
24 年	逆 13 番	ノースブリッジ	1着

池添謙一騎手の±76馬が3着以内
22年は2番人気パンサラッサ2着、馬連930円

17 年	＋ 76 馬	サクラアンプルール	1着
18 年	－ 76 馬	モズカッチャン	3着
19 年	＋ 76 馬	サングレーザー	2着
21 年	＋ 76 馬	ラヴズオンリーユー	2着
22 年	＋ 76 馬	パンサラッサ	2着
24 年	＋ 76 馬	ジオグリフ	2着

※ 20、23 年は同騎手の騎乗ナシ。他に「岩田康誠騎手の±86 番が3着以内」も継続中。

馬名頭文字か末尾「ト」馬の隣馬が3着以内
24年はワンツー、馬連4660円

19 年	ゴーフォザサミット	隣馬フィエールマン	3着
20 年	ペルシアンナイト	隣馬ノームコア	1着
21 年	トーラスジェミニ	隣馬ラヴズオンリーユー	2着
23 年	アフリカンゴールド	隣馬トップナイフ	2着
24 年	ドゥラエレーデ	隣馬ノースブリッジ	1着
		隣馬ジオグリフ	2着

※「ド」も対象。22 年は該当馬の出走ナシ。

横山武史騎手の±72馬が3着以内
22年は3番人気ジャックドール1着、単勝460円

21 年	－ 72 馬	ソダシ	1着
22 年	＋ 72 馬	ジャックドール	1着
23 年	＋ 72 馬	ソーヴァリアント	3着
24 年	＋ 72 馬	ジオグリフ	2着

※他に「横山和生騎手の±51 馬が3着以内」も継続中。

GⅢ 新潟2歳S

2025年8月24日　新潟芝1600m（2歳）

当たり馬番は連動する！

正逆　1番10番

日経賞	新潟2歳S	
2020年【逆5番】2着 ➡	2021年【逆5番】アライバル	2着
2021年【正7番】2着 ➡	2022年【正7番】キタウイング	1着
2022年【正6番】2着 ➡	2023年【正6番】ショウナンマヌエラ	2着
2023年【正6番】2着 ➡	2024年【正6番】コートアリシアン	2着
2024年【正10番】2着 【逆1番】2着	➡ **2025年【正逆1番、10番】**	

	桃🟪		橙🟧		緑🟩		黄🟨	青🟦		赤🟥	黒⬛	白⬜
	⑪	⑩	⑨	⑧	⑦	⑥	5	4		3	2	1
	キタノクニカラ	プロクレイア	トータルクラリティ	マジカルフェアリー	ケイテンアイジン	コートアリシアン	モジャーリオ	スターフォーエバー	シンフォーエバー	スターウェーブ	スリールミニヨン	ジョリーレーヌ
	キタノリツメイ未勝利	ダノンバラード プロクリス 4勝	ビットレート 2勝	サートゥルナーリア マニキュール 2勝	バゴ カンノンティアーダ 1勝	サートゥルナーリア コートシャルマン 3勝	チルメディカラ カラ 4勝	リオンディーズ ブレイジング米	コンプレキシティ コスモポリタンクイーン英	キングマン コスモポリタンクイーン	ミスターメロディー ルミノハレプタイ未勝利	モーリス レッドレグナント 4勝
	鹿 55 牝2	栗 55 牝2	鹿 55 牝2	鹿 55 牝2	青 55 牡2	栗 55 牝2	青鹿 55 牝2	鹿 55 牡2	鹿 55 牝2	鹿 55 牝2	栗 55 牝2
	杉原	津村	北村友	和田竜	丸山	菅原明	斎藤	岩田望	三浦	武	高橋康	石川
	🉀小島茂	小林	池添学	栗田徹	谷	伊藤大	🉀斎藤誠	森	武	永島	石	大竹
	400	400	400	400	900	400	🉀	400	藤田晋	400	400	400
	ミル F	サンデーR	キャロットF	飯田正則	岡 池 二	吉田照哉	M J A	アメリカ	TNレーシング	福盛訓之	キャロットF
	🉀ミル F	🉀ノーザンF	🉀ノーザンF	🉀千代田牧場	🉀本田土寿	🉀社 台 F	🉀岡田牧場			🉀ノーザンF	🉀静内大菱牧場	🉀ノーザンF

2024年 新潟2歳S	1着⑨トータルクラリティ	（6番人気）	馬連 1370 円
	2着⑥コートアリシアン	（1番人気）	3連複 3080 円
	3着⑩プロクレイア	（5番人気）	3連単 22180 円

146

注目サイン！

逆91番が3着以内
相手は正逆36番が連対

17 年	逆 91 番コーディエライト	2着
18 年	逆 91 番アンブロークン	2着
	逆 36 番アンブロークン	2着
19 年	逆 91 番ウーマンズハート	1着
	逆 36 番ペールエール	2着
20 年	逆 91 番ブルーシンフォニー	2着
	逆 36 番ブルーシンフォニー	2着
21 年	逆 91 番オタルエバー	3着
	逆 36 番セリフォス	1着
22 年	逆 91 番ウインオーディン	2着
	逆 36 番ウインオーディン	2着
23 年	逆 91 番ショウナンマヌエラ	2着
	正 36 番アスコリピチェーノ	1着
24 年	逆 91 番トータルクラリティ	1着
	逆 36 番トータルクラリティ	1着

石川裕紀人騎手の±14馬が連対中
23年10番人気ショウナンマヌエラ2着、馬連万馬券

16 年	－ 14 馬ヴゼットジョリー	1着
18 年	－ 14 馬ケイデンスコール	1着
23 年	－ 14 馬ショウナンマヌエラ	2着
24 年	－ 14 馬トータルクラリティ	1着

※ 17、19 ～ 22 年は同騎手の騎乗ナシ。他に「津村明秀騎手の± 87 馬が 3 着以内」も継続中。

前走5番人気馬か、その隣馬が3着以内
20、22年と隣馬同士でワンツーフィニッシュ！

20 年	ブルーバード	隣馬ショックアクション	1着
		隣馬ブルーシンフォニー	2着
21 年	オタルエバー	自身	3着
22 年	シーウィザード	隣馬キタウイング	1着
		隣馬ウインオーディン	2着
23 年	ホルトバージ	隣馬アスコリピチェーノ	1着
24 年	キタノクニカラ	隣馬プロクレイア	3着

※ 18 年から継続中。

GⅢ キーンランドC

2025年8月24日　札幌芝1200m（3歳上）

当たり馬番は連動する！

正逆 3番 13番

フェアリーS		キーンランドC	
2020年【正8番】2着	➡	2021年【逆8番】エイティーンガール	2着
2021年【正9番】1着	➡	2022年【逆9番】ヴェントヴォーチェ	1着
2022年【正3番】2着	➡	2023年【逆3番】ナムラクレア	1着
2023年【正10番】2着	➡	2024年【正10番】サトノレーヴ	1着
2024年【正13番】1着 　　　【正3番】2着	➡	2025年【正逆 3番、13番】	

16 桃8 15	14 橙7 13	12 緑6 11	10 黄5 9	8 青4 7	6 赤3 5	4 黒2 3	2 白1 1
セッション	オタルエバー	ダノンマッキンリー	ジュビリーヘッド	ビッグシーザー	サトノレーヴ	エトヴプレ	ゾンニッヒ	マテンロウオリオン	エイシンスポッター	シナモンスティック	モリノドリーム	プルパレイ	オオバンブルマイ	ナムラクレア

2024年　1着⑩サトノレーヴ　　（2番人気）　　馬連 3960 円
キーン　2着⑥エイシンスポッター　（8番人気）　3連複 26660 円
ランドC　3着①オオバンブルマイ　（7番人気）　3連単 109420 円

注目サイン！

芝1200mオープン1着馬が連対中
22年は2番人気ウインマーベル2着、馬連4290円

18 年	ナックビーナス	1着	（カーバンクルS1着）
19 年	ダノンスマッシュ	1着	（シルクロードS1着）
20 年	ライトオンキュー	2着	（UHB賞1着）
21 年	レイハリア	1着	（葵S1着）
22 年	ウインマーベル	2着	（葵S1着）
23 年	ナムラクレア	1着	（シルクロードS1着）
24 年	サトノレーヴ	1着	（函館スプリントS1着）

※前走とは限らない。

2番人気馬か、その隣馬が3着以内
23年は2番人気トウシンマカオ3着、3連単3万馬券！

17 年	ソルヴェイグ	自身	2着
18 年	レッツゴードンキ	隣馬ダノンスマッシュ	2着
19 年	タワーオブロンドン	自身	2着
20 年	ライトオンキュー	自身	2着
21 年	ミッキーブリランテ	隣馬レイハリア	1着
22 年	ウインマーベル	自身	2着
23 年	トウシンマカオ	自身	3着
24 年	サトノレーヴ	自身	1着

3歳馬か、その隣馬が3着以内
20年は9番人気ディメンシオン3着、3連単9万馬券！

18 年	ダノンスマッシュ	自身	2着
19 年	ハッピーアワー	隣馬タワーオブロンドン	2着
20 年	ヤマカツマーメイド	隣馬ディメンシオン	3着
21 年	レイハリア	自身	1着
22 年	ウインマーベル	自身	2着
24 年	エトヴプレ	隣馬サトノレーヴ	1着

※23年は該当馬の出走ナシ。他に「武豊騎手の±2枠が3着以内」も継続中。

2025年8月31日　新潟芝2000m（3歳上）

当たり馬番は連動する！

正逆　5番6番

エルムS	新潟記念
2020年【逆2番】1着	➡ 2021年【逆2番】マイネルファンロン　1着
2021年【逆2番】2着	➡ 2022年【逆2番】ユーキャンスマイル　2着
2022年【逆6番】1着	➡ 2023年【逆6番】ユーキャンスマイル　2着
2023年【逆9番】1着	➡ 2024年【逆9番】シンリョクカ　　　　1着
2024年【逆6番】1着 【逆5番】2着	➡ **2025年【正逆5番、6番】**

	2024年 新潟記念		
1着④シンリョクカ	（8番人気）	馬連	5450円
2着⑦セレシオン	（3番人気）	3連複	4530円
3着⑨キングズパレス	（1番人気）	3連単	44690円

注目サイン！

正逆90番が3着以内
今のところ、アタマはナシの傾向

21 年	逆 90 番クラヴェル	3着
22 年	正 90 番フェーングロッテン	3着
23 年	逆 90 番ユーキャンスマイル	2着
24 年	逆 90 番セレシオン	2着

戸崎圭太騎手の±4馬が3着以内
23年は7番人気ユーキャンスマイル2着、馬連6240円！

20 年	－4馬サンレイポケット	3着
21 年	－4馬マイルファロン	1着
22 年	－4馬カラテ	1着
23 年	＋4馬ユーキャンスマイル	2着
24 年	＋4馬シンリョクカ	1着

池添謙一騎手の±23馬が3着以内
21年は12番人気マイネルファンロン1着、単勝4280円！

18 年	－ 23 馬ショウナンバッハ	3着
20 年	－ 23 馬サンレイポケット	3着
21 年	＋ 23 馬マイネルファンロン	1着
22 年	－ 23 馬フェーングロッテン	3着
23 年	＋ 23 馬インプレス	3着
24 年	－ 23 馬シンリョクカ	1着

※ 19 年は同騎手の騎乗ナシ。

北村宏司騎手の±20馬が3着以内
20年は2番人気ブラヴァス1着、単勝500円

17 年	＋ 20 馬アストラエンブレム	2着
18 年	＋ 20 馬メートルダール	2着
20 年	－ 20 馬ブラヴァス	1着
23 年	＋ 20 馬ユーキャンスマイル	2着
24 年	－ 20 馬キングズパレス	3着

※ 19、21、22 年は同騎手の騎乗ナシ。

GIII 中京2歳S

旧・小倉2歳S

2025年8月31日　中京芝1400m（2歳）

当たり馬番は連動する！

正逆 3番4番

オールカマー	中京2歳S	
2020年【正4番】1着 ➡	2021年【逆4番】スリーパーダ	2着
2021年【正1番】1着 ➡	2022年【正1番】ロンドンプラン	1着
2022年【正2番】1着 ➡	2023年【逆2番】ミルテンベルク	2着
2023年【正13番】1着 ➡	2024年【逆13番】グラスペディア	2着
2024年【正4番】1着 【正3番】2着	➡ 2025年【正逆3番、4番】	

データは前年までの小倉2歳S

出走表（枠・馬番順）

枠	馬番	馬名
白1	1	クラスペディア
黒2	2	ケイアイマハナ
赤3	3	アプキールベイ
青4	4	レイピア
青4	5	ポートデラメール
黄5	6	ベルビーズタローン
黄5	7	ホウオウブースター
緑6	8	エイシンワンド
緑6	9	タマモティーカップ
橙7	10	アーリントンロウ
橙7	11	㊙ジャスパーディビネ
桃8	12	エイヨーアメジスト
桃8	13	エンドレスサマー

いずれも負担重量55、2歳

2024年 **小倉2歳S**	1着⑧エイシンワンド （1番人気）	馬連	4240円
	2着①クラスペディア （8番人気）	3連複	7520円
	3着⑩アーリントンロウ （2番人気）	3連単	38530円

注目サイン！

正逆52番が連対中
21年は4番人気ナムラクレア1着、単勝640円

19 年	正 52 番	マイネルグリット	1着
20 年	逆 52 番	モントライゼ	2着
21 年	逆 52 番	ナムラクレア	1着
22 年	逆 52 番	ロンドンプラン	1着
23 年	逆 52 番	ミルテンベルグ	2着
24 年	逆 52 番	クラスペディア	2着

松山弘平騎手の±16馬が連対中
今のところ－16馬が走る

21 年	＋ 16 馬	ナムラクレア	1着
	－ 16 馬	スリーパーダ	2着
22 年	－ 16 馬	バレリーナ	2着
23 年	－ 16 馬	ミルテンベルク	2着
24 年	－ 16 馬	クラスペディア	2着

幸英明騎手の隣枠が3着以内
18年は13番人気アズマヘリテージ2着、馬連2万馬券！

17 年	－ 1 枠	アイアンクロー	2着
18 年	－ 1 枠	アズマヘリテージ	2着
19 年	－ 1 枠	マイネルグリット	1着
20 年	－ 1 枠	モントライゼ	2着
21 年	－ 1 枠	スリーパーダ	2着
23 年	＋ 1 枠	アスクワンタイム	1着
24 年	＋ 1 枠	アーリントンロウ	3着

※ 22 年は同騎手の騎乗ナシ。

北村友一騎手の±44馬が1着継続中
20年は2番人気メイケイエール1着、単勝630円

17 年	＋ 44 馬	アサクサゲンキ	1着
18 年	＋ 44 馬	ファンタジスト	1着
20 年	－ 44 馬	メイケイエール	1着
22 年	－ 44 馬	ロンドンプラン	1着

※ 19、21、23、24 年は同騎手の騎乗ナシ。

京成杯オータムH

CⅢ

2025年9月6日 中山芝1600m（3歳上）

当たり馬番は連動する！

正逆 7番8番

フローラS		京成杯オータムH	
2020年【逆15番】1着	➡	2021年【逆15番】カテドラル	1着
2021年【逆3番】1着	➡	2022年【逆3番】ミッキーブリランテ	2着
2022年【正2番】1着	➡	2023年【正2番】ソウルラッシュ	1着
2023年【正7番】1着	➡	2024年【逆7番】アスコリピチェーノ	1着
2024年【正8番】1着 【逆7番】1着	➡	**2025年【正逆7番、8番】**	

16 桃8 15	14 橙7 13	12 緑6 11	10 黄5 9	8 青4 7	6 赤3 5	4 黒2 3	2 白1 1
コランダビート	ドルチェモア	オーキッドロマンス	アスコリピチェーノ	サンライズロナウド	エ エ ヤン	デ イ オ	カテドラル
タイムトゥヘヴン	セルバーグ	ジューンオレンジ	エアファンデッタ	キタウイング	ショウナンマグマ	キャットファイト	ディスペランツァ
逆54 牝6	鹿 55 牝4	鹿 57 牡3	鹿 56 牝4	鹿 56 牡5	鹿 52 牝6	鹿 55 牡8	鹿 58 牡4
丹内 樂田	北村友 内田博	菊沢木	ルメール	三浦 横山典	黛 吉田豊	大野 石川	萩野
3950	5500	3200	2400	3850	4400	2100	9350
9830	11,000	8435	21,120	7430	7540	3620	21,960

2024年	1着⑩アスコリピチェーノ （1番人気）	馬連 13740 円
京成杯	2着⑮タイムトゥヘヴン （14番人気）	3連複 35250 円
オータムH	3着⑧サンライズロナウド （3番人気）	3連単 160680 円

注目サイン！

正逆2番が3着以内
24年は14番人気タイムトゥヘヴン2着、馬連万馬券！

18 年	逆2番ワントゥワン	2着
19 年	正2番ジャンダルム	3着
20 年	正2番ボンセルヴィーソ	3着
21 年	正2番カテドラル	1着
22 年	逆2番クリノプレミアム	3着
23 年	正2番ソウルラッシュ	1着
24 年	逆2番タイムトゥヘヴン	2着

田辺裕信騎手の隣枠が3着以内
今のところ、アタマはナシの傾向

14 年	＋1枠ブレイズアトレイル	2着
15 年	＋1枠ヤングマンパワー	3着
16 年	－1枠カフェブリリアント	2着
17 年	－1枠ガリバルディ	2着
20 年	－1枠ボンセルヴィーソ	3着
21 年	＋1枠コントラチェック	2着
24 年	＋1枠サンライズロナウド	3着

※ 18、19、22、23年は同騎手の騎乗ナシ。他に「松岡正海騎手か、その隣馬が3着以内」も継続中。

馬名頭文字か末尾「ク」馬の隣馬が3着以内
トロワゼトワルが19、20年と連覇

16 年	クラリティスカイ	隣馬ダノンプラチナ	3着
17 年	トーセンデューク	隣馬ダノンリバティ	3着
18 年	ベステンダンク	隣馬ワントゥワン	2着
19 年	グルーヴィット	隣馬トロワゼトワル	1着
20 年	ベステンダンク	隣馬トロワゼトワル	1着
22 年	レインボーフラッグ	隣馬クリノプレミアム	3着
23 年	ラインベック	隣馬ウイングレイテスト	2着
24 年	キタウイング	隣馬サンライズロナウド	3着

※ 「グ」も対象。21年は該当馬の出走ナシ。

GⅢ 札幌2歳S

2025年9月6日　札幌芝1800m（2歳）

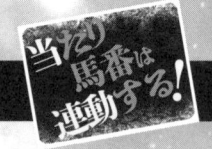

当たり馬番は連動する！

正逆 3番 12番

きさらぎ賞	札幌2歳S
2020年【正7番】2着 ➡	2021年【正7番】アスクワイルドモア　2着
2021年【正3番】2着 ➡	2022年【逆3番】ドゥーラ　1着
2022年【正3番】2着 ➡	2023年【逆3番】パワーホール　2着
2023年【正2番】1着 ➡	2024年【正2番】マジックサンズ　1着
2024年【正12番】1着 　　　　【正3番】2着	➡ 2025年【正逆3番、12番】

12 桃 8 11	10 橙 7 9	8 緑 6 7	6 黄 5 5	青 4	赤 3	黒 2	白 1
アスクシュタイン	ローレルオーブ	ファイアンクランツ	ニシノタンギー	ショウナンマクベス	マテンロウサン	マジックサンズ	アルマヴェローチェ
モンドデラモーレ	ウインブライト	バセリーナ	レーヴドロペラ				
ワールドエース	ルージュマジック	トップオンザヒル	サトノアラジン				
ヒカルアモーレ	ドゥラメンテ	カラフルブラッサム	モーリス	ウインフェレゾン	ミスバニテール	キズナ	ハービンジャー
2勝①	未勝①	3勝②	2勝①	2勝①	6勝①	3勝①	牡①
芦 55 牡2	栗 55 牡2	鹿 55 牡2	鹿 55 牡2	青鹿 55 牡2	鹿 55 牡2	黒鹿 55 牡2	黒鹿 55 牡2
杉原	北村友	鮫島駿	永野	岩田康	横山和	佐々木	横山武
千葉	斎藤	丹内	加藤士	武市	昆	須貝尚	村
吉田和美	ローレルR	ビッグレッドF	イオンRH	国本哲秀	寺田千代乃	サンデーR	大野照旺
白老F	高昭牧場	高橋牧場	ノーザンF	二風谷F	アメリカ	ノーザンF	ノーザンF

2024年 札幌2歳S	1着②マジックサンズ（3番人気）	馬連 4070円
	2着①アルマヴェローチェ（6番人気）	3連複 4100円
	3着⑧ファイアンクランツ（1番人気）	3連単 26070円

注目サイン！

武豊騎手のカウントアップ・セオリー
25年は同騎手の－53馬が候補

16 年 － 47 馬ブラックオニキス　　2着
19 年 － 48 馬サトノゴールド　　　2着
20 年 － 49 馬ユーバーレーベン　　2着
21 年 － 50 馬アスクワイルドモア　2着
22 年 － 51 馬ドゥアイズ　　　　　2着
23 年 － 52 馬ギャンブルルーム　　3着

※ 07 年から継続中。17、18、24 年は同騎手の騎乗ナシ。他に「菱田裕二騎手の±8馬が3着以内」も継続中。

横山武史騎手の±36馬が2着継続中
馬単2着付けにもってこい!?

21 年 ＋ 36 馬アスクワイルドモア　2着
22 年 － 36 馬ドゥアイズ　　　　　2着
23 年 － 36 馬パワーホール　　　　2着
24 年 － 36 馬アルマヴェローチェ　2着

馬名頭文字か末尾「ト」馬か、その隣馬が3着以内
16年のトラストはダブル該当、そして自身1着

11 年　マイネルロブス<u>ト</u>　　　　自身　　　　　　　　3着
12 年　<u>ト</u>ーセンパワフル　　　隣馬エデンロック　　3着
13 年　ハイアーレー<u>ト</u>　　　　自身　　　　　　　　3着
14 年　アドマイヤガス<u>ト</u>　　　隣馬レッツゴードンキ　3着
15 年　プロフェッ<u>ト</u>　　　　　自身　　　　　　　　2着
16 年　<u>ト</u>ラス<u>ト</u>　　　　　　自身　　　　　　　　1着
17 年　コスモインザハー<u>ト</u>　　隣馬ダブルシャープ　3着
18 年　エメラルファイ<u>ト</u>　　　隣馬ブラックホール　1着
19 年　サトノゴール<u>ド</u>　　　　自身　　　　　　　　2着
20 年　アオイゴール<u>ド</u>　　　　隣馬ソダシ　　　　　1着
21 年　<u>ト</u>ーセンヴァンノ　　　自身　　　　　　　　3着
22 年　<u>ド</u>ゥーラ　　　　　　　自身　　　　　　　　1着
23 年　<u>ト</u>レミニオン　　　　　隣馬セットアップ　　1着
24 年　<u>ト</u>ップオンザヒル　　　隣馬ファイアンクランツ　3着

※「ド」も対象。

GII 紫苑S

2025年9月7日　中山芝2000m（3歳牝馬）

正逆 6番12番

ターコイズS	紫苑S	
2020年【正8番】1着 ➡	2021年【逆8番】ファインルージュ	1着
2021年【正2番】1着 ➡	2022年【逆2番】サウンドビバーチェ	2着
2022年【正15番】2着 ➡	2023年【逆15番】ヒップホップソウル	2着
2023年【正6番】1着 ➡	2024年【正6番】クリスマスパレード	1着
2024年【正6番】1着　　【正12番】2着	➡ 2025年【正逆6番、12番】	

13 桃	8	12	11 橙	7	10	9 緑	8	7 黄	6	5 青	4	赤 3	黒 2	白 1

1着⑥クリスマスパレード（5番人気）	馬連 1600 円
2024 年 紫苑S	2着①ミアネーロ　（3番人気）	3連複 2090 円
	3着⑪ボンドガール　（1番人気）	3連単 13840 円

158

注目サイン！

C・ルメール騎手の±37馬が3着以内
さらに、同騎手の隣枠が連対中！

21 年	－ 37 馬ミスフィガロ	3着
	－1枠スルーセブンシーズ	2着
22 年	＋ 37 馬サウンドビバーチェ	2着
	＋1枠スタニングローズ	1着
23 年	－ 37 馬ヒップホップソウル	1着
	－1枠ヒップホップソウル	2着
24 年	＋ 37 馬クリスマスパレード	1着
	－1枠クリスマスパレード	1着

三浦皇成騎手の±55馬が連対中
23年は4番人気モリアーナが差し切り、単勝660円

21 年	－ 55 馬スルーセブンシーズ	2着
22 年	＋ 55 馬サウンドビバーチェ	2着
23 年	－ 55 馬モリアーナ	1着
24 年	－ 55 馬ミアネーロ	2着

田辺裕信騎手の±4馬が連対中
今のところ＋4馬が走っている

21 年	＋4馬ファインルージュ	1着
22 年	＋4馬サウンドビバーチェ	2着
23 年	＋4馬ヒップホップソウル	2着
24 年	＋4馬クリスマスパレード	1着

2番人気馬か、その隣馬が連対中
20年は10番人気パラスアテナ2着、馬連万馬券！

18 年	ノームコア	自身	1着
19 年	パッシングスルー	自身	1着
20 年	ウインマイティー	隣馬パラスアテナ	2着
21 年	ファインルージュ	自身	1着
22 年	サウンドビバーチェ	自身	2着
23 年	ヒップポップソウル	自身	2着
24 年	エラトー	隣馬クリスマスパレード	1着

※ 15 年から継続中。

GII セントウルS

2025年9月7日　阪神芝1200m（3歳上）

当たり馬番は連動する！

正逆 3番9番

阪神牝馬S	セントウルS
2020年【正15番】2着 ➡	2021年【正15番】ピクシーナイト　2着
2021年【逆9番】2着 ➡	2022年【逆9番】メイケイエール　1着
2022年【逆11番】2着 ➡	2023年【正11番】テイエムスパーダ　1着
2023年【正1番】2着 ➡	2024年【逆1番】ママコチャ　2着
2024年【正9番】2着 　　　【逆3番】2着 ➡	2025年【正逆3番、9番】

桃8 18	桃8 17	16	橙7 15	橙7 14	13	緑6 12	11	黄5 10	黄5 9	青4 8	青4 7	緑3 6	赤3 5	黒2 4	黒2 3	白1 2	白1 1
ママコチャ	トウシンマカオ	カリボール	アサカラキング	ダンスコーピオン	ロードマジック	ピューロマジック	テンハッピーローズ	トウラヴェスーナ	テイエムスパーダ	ミッキーハーモニ	キミワクイーン	ヨシノイースタ	ジョウショーホー	サウザンサニー	ストーンリッジ	グレイトゲイナー	アネゴハダ	モズメイメイ

2024年
セントウルS

1着⑰トウシンマカオ（2番人気）	馬連	2050円
2着⑱ママコチャ（4番人気）	3連複	9640円
3着①モズメイメイ（7番人気）	3連単	47820円

注目サイン！

正逆20番が3着以内
23年は14番人気テイエムスパーダが激勝、単勝万馬券！

19 年	正 20 番タワーオブロンドン	1着
20 年	正 20 番メイショウグロッケ	2着
21 年	逆 20 番ピクシーナイト	2着
22 年	逆 20 番サンライズオネスト	3着
23 年	逆 20 番テイエムスパーダ	1着
24 年	逆 20 番トウシンマカオ	1着

池添謙一騎手の±20馬と±50馬が3着以内
重ならなければセットで狙える

17 年	－ 20 馬ダンスディレクター	3着
	＋ 50 馬ダンスディレクター	3着
20 年	－ 20 馬ダノンスマッシュ	1着
	－ 50 馬メイショウグロッケ	2着
22 年	＋ 20 馬ファストフォース	2着
	－ 50 馬サンライズオネスト	3着
23 年	－ 20 馬スマートクラージュ	3着
	－ 50 馬スマートクラージュ	3着
24 年	－ 20 馬モズメイメイ	3着
	＋ 50 馬トウシンマカオ	1着

※ 18、19、21 年は同騎手の騎乗ナシ。

戸崎圭太騎手の±2枠が3着以内
今のところ＋2枠オンリー、しかも1着ナシ

14 年	＋2枠エピセアローム	3着
15 年	＋2枠ウリウリ	2着
17 年	＋2枠ラインミーティア	2着
23 年	＋2枠スマートクラージュ	3着
24 年	＋2枠モズメイメイ	3着

※ 16、18 ～ 22、24 年は同騎手の騎乗ナシ。他に「藤岡佑介騎手の± 12 馬が 3 着以内」
も継続中。

GⅢ チャレンジC

正逆 1番 12番

きさらぎ賞	チャレンジC

2020年【正1番】1着 ➡	2021年【逆1番】ソーヴァリアント　1着
2021年【逆10番】1着 ➡	2022年【正10番】ソーヴァリアント　1着
2022年【逆10番】1着 ➡	2023年【逆10番】ボッケリーニ　　2着
2023年【逆7番】1着 ➡	2024年【逆7番】ラヴェル　　　　　1着
2024年【正12番】1着 【逆1番】1着	➡ 2025年【正逆 1 番、12番】

	15 桃 8	14	13 橙 7	12	11 緑 6	10	9 黄 5	8	7 青 4	6	5 赤 3	4	3 黒 2	2	1 白 1
	ラーグルフ	ダノンエアズロック	アウスヴァール	ボルドグフーシュ	セイウンハーデス	ルペルカーリア	ラ　ヴ　エ　ル	エアファンディタ	マイネルモーント	コガネノソラ	アルビージャ	マ　　キ　　シ	バビット	エピファニー	ディープモンスター
	牡7 57	牡5 57	牝6 57	牡6 57	牡7 57	牡7 57	牝4 57	牡8 53	牡7 57	牡6 57	牡4 57	牡7 57	牡7 57	牝7 57	牡7 57
	Mデムーロ	ムーア	古川吉	松　山	幸	岩田望	川　田	武　豊	田口	丹　内	ルメール	菱田	団　野	杉　原	浜　中
	6000	2400	3750	13,850	5500	2400	4600	5200	2400	4000	2400	2400	5500	6550	4700
	14,800	4420	12,490	30,740	12,461	5970	12,100	14,712	8040	7613	6930	7140	13,800	14,990	16,050

注目サイン！

正逆187番が連対中
21、22年とソーヴァリアントが連覇

19年	正 187番トリオンフ	2着
20年	正 187番ブラヴァス	2着
21年	正 187番ソーヴァリアント	1着
22年	逆 187番ソーヴァリアント	1着
23年	正 187番ベラジオオペラ	1着
24年	逆 187番ラヴェル	1着

松山弘平騎手の±19馬が連対中
24年は6番人気ディープモンスター2着、馬連3100円

20年	＋19馬ブラヴァス	2着
21年	－19馬ヒートオンビート	2着
22年	＋19馬ルビーカサブランカ	2着
23年	－19馬ベラジオオペラ	1着
24年	＋19馬ディープモンスター	2着

C・ルメール騎手の±48馬が3着以内
22年は4番人気ルビーカサブランカ2着、馬連1480円

19年	＋48馬ロードマイウェイ	1着
21年	－48馬ペルシアンナイト	3着
22年	＋48馬ルビーカサブランカ	2着
23年	＋48馬ボッケリーニ	2着
24年	＋48馬エアファンディタ	3着

※20年は同騎手の騎乗ナシ。

M・デムーロ騎手の±7馬が3着以内
18年は4番人気マウントゴールド2着、馬連1620円

17年	－7馬デニムアンドルビー	2着
18年	－7馬マウントゴールド	2着
21年	＋7馬ソーヴァリアント	1着
24年	－7馬エアファンディタ	3着

※19、20、22、23年は同騎手の騎乗ナシ。

GⅡ ローズS

2025年9月14日　阪神芝1800m（3歳牝馬）

正逆 6番 10番

キーンランドC		ローズS
2020年【正12番】2着	➡	2021年【正12番】アンドヴァラナウト　1着
2021年【正9番】2着	➡	2022年【逆9番】サリエラ　2着
2022年【正5番】2着	➡	2023年【正5番】ブレイディヴェーグ　2着
2023年【正14番】1着	➡	2024年【逆14番】クインズウォーク　1着
2024年【正10番】1着 【正6番】2着	➡	2025年【正逆6番、10番】

15 桃8	14	13 橙7	12	11 緑6	10	9 黄5	8	7 青4	6	5 赤3	4	3 黒2	2	1 白

	2024年ローズS		
2024年 ローズS	1着②クイーンズウォーク	（2番人気）	馬連 4030円
	2着④チェレスタ	（7番人気）	3連複 45680円
	3着⑩セキトバイースト	（11番人気）	3連単 196350円

注目サイン！

前走1着馬が3着以内
23年は7番人気マスクトディーヴァ1着、単勝2320円！

17 年	ラビットラン	1着
18 年	サラキア	2着
19 年	ウィクトーリア	3着
20 年	オーマイダーリン	3着
21 年	アンドヴァラナウト	1着
22 年	サリエラ	2着
23 年	マスクトディーヴァ	1着

※ 10 年から継続中。23 年は該当馬の出走ナシ。

鮫島克駿騎手の±3馬が連対中
21年は12番人気エイシンヒテン2着、馬連万馬券！

21 年	−3馬エイシンヒテン	2着
22 年	＋3馬サリエラ	2着
23 年	−3馬マスクトディーヴァ	1着
24 年	−3馬チェレスタ	2着

前走②番ゲート馬か、その隣馬が連対中
20年は14番人気ムジカ2着、馬連2万馬券！

20 年	シャレード	隣馬ムジカ	2着
21 年	エイシンヒテン	自身	2着
22 年	メモリーレゾン	隣馬アートハウス	1着
23 年	ココナッツブラウン	隣馬マスクトディーヴァ	1着
24 年	クイーンズウォーク	自身	1着

C・ルメール騎手の±2枠が3着以内
23年は5番人気マラキナイア3着、3連単6万馬券！

19 年	−2枠ウィクトーリア	3着
20 年	＋2枠オーマイダーリン	3着
21 年	＋2枠エイシンヒテン	2着
22 年	＋2枠エグランタイン	3着
23 年	＋2枠マラキナイア	3着
24 年	＋2枠クイーンズウォーク	1着

C II セントライト記念

2025年9月15日　中山芝2200m（3歳）

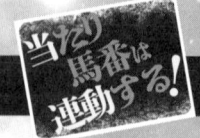
当たり馬番は連動する！

正逆 4番 7番

京都大賞典		セントライト記念	
2020年【正2番】2着	➡	2021年【正2番】アサマノイタズラ	1着
2021年【正9番】2着	➡	2022年【正9番】ガイアフォース	1着
2022年【正2番】2着	➡	2023年【逆2番】ソールオリエンス	2着
2023年【正7番】1着	➡	2024年【逆7番】コスモキュランダ	2着
2024年【正4番】1着 【正7番】2着		➡ 2025年【正逆4番、7番】	

	14 桃8 13		12 橙7 11		10 緑6 9		8 黄5 7		6 青4 5		4 赤3 3		黒2	白1
	リスカ	タンゴバイラリン		ステインガーグラス	キズナ	ヤマニンアドホック	ゴールドシップ	コスモキュランダ	サザンスピード	エコロヴァルツ	ブラックタイド	ルカランフィースト	イスラボニータ	エコロレイズ	タガノデュード	アーバンシック
	57牡3		57牝3		57牡3		57牡3		57牡3		57牡3		57牡3	57牡3
	菅原明		田　辺		小林勝		津　村		北村友		横山武		岩　戸	武井
	900		900		900		900		2400		400		400	1700
	2640		1740		3110		2070		5530		633		2300	6390

2024 年	1着①アーバンシック	（2番人気）	馬連 570 円
セントライト	2着⑧コスモキュランダ	（1番人気）	3連複 1070 円
記念	3着⑥エコロヴァルツ	（3番人気）	3連単 4820 円

注目サイン！

前走4番人気馬の隣馬が3着以内
23年は2番人気レーベンスティール1着、単勝380円

20 年	ヴァルコス	隣馬サトノフラッグ	2着
22 年	シルトホルン	隣馬ローシャムパーク	3着
23 年	ベジャール	隣馬レーベンスティール	1着
24 年	タガノデュード	隣馬アーバンシック	1着

※ 21 年は該当馬の出走ナシ。

前走でワースト着順馬か、その隣馬が連対中
21年は9番人気アサマノイタズラ1着、単勝4270円！

20 年	ヴァルコス	隣馬サトノフラッグ	2着
21 年	ヴィクティファルス	隣馬アサマノイタズラ	1着
22 年	グリューネグリーン	隣馬アスクビクターモア	2着
23 年	ベジャール	隣馬レーベンスティール	1着
24 年	アーバンシック	自身	1着

※ワースト着順馬は、単純に馬柱の前走欄で出走各馬の着順を比較し、最低の馬を選ぶ。

C・ルメール騎手の±70馬が3着以内
今のところ2着ナシの極端な傾向

20 年	＋ 70 馬バビット	1着
21 年	－ 70 馬オーソクレース	3着
22 年	－ 70 馬ガイアフォース	1着
23 年	－ 70 馬シャザーン	3着
24 年	－ 70 馬アーバンシック	1着

菅原明良騎手の隣馬が連対中
まだ3年だが、これから伸びに期待

22 年	隣馬アスクビクターモア	2着
23 年	隣馬レーベンスティール	1着
24 年	隣馬アーバンシック	1着

GII オールカマー

2025年9月21日　中山芝2200m（3歳上）

当たり馬番は連動する！

正逆 7番 12番

オークス		オールカマー	
2020年【正16番】2着	➡	2021年【逆16番】ウインマリリン	1着
2021年【逆12番】2着	➡	2022年【逆12番】ジェラルディーナ	1着
2022年【正2番】2着	➡	2023年【正2番】タイトルホルダー	1着
2023年【正12番】2着	➡	2024年【逆12番】レーベンスティール	1着
2024年【正7番】2着 　　　【逆12番】2着	➡	**2025年【正逆7番、12番】**	

枠	15 桃8 14	13 橙7 12	11 緑6 10	9 黄5 8	7 青4 6	5 赤3 4	3 黒2 2	白1
馬名	ミクソロジー / スターエンジェル会	ナイママ / シルバーステート勝	サヴォーナ / ロバートソンキー	キラーアビリティ / ニシノレヴナント	ヤマニンサンバ / アルビージャ	ステラヴェローチェ / レーベンスティール	ラーグルフ / アウスヴァール	サリエラ / ディーブインパクト

1着④レーベンスティール	（1番人気）	馬連 3470 円
2着③アウスヴァール	（10番人気）	3連複 29160 円
3着⑭リカンカブール	（12番人気）	3連単 81650 円

2024年 オールカマー

注目サイン！

正逆2番が3着以内
22年は5番人気ジェラルディーナ1着、単勝1950円

19 年	逆2番スティッフェリオ	1着
20 年	逆2番カレンブーケドール	2着
21 年	正2番ウインキートス	2着
22 年	正2番ジェラルディーナ	1着
23 年	正2番タイトルホルダー	2着
24 年	逆2番リカンカブール	3着

横山典弘騎手の±103馬が連対中
21年は2番人気ウインマリリン1着、単勝470円

20 年	－ 103 馬カレンブーケドール	2着
21 年	＋ 103 馬ウインマリリン	1着
22 年	－ 103 馬ロバートソンキー	2着
23 年	＋ 103 馬タイトルホルダー	2着
24 年	＋ 103 馬アウスヴァール	2着

三浦皇成騎手の±29馬が3着以内
22年は6番人気ロバートソンキー2着、馬連万馬券！

20 年	＋ 29 馬ステイフーリッシュ	3着
21 年	－ 29 馬ウインキートス	2着
22 年	＋ 29 馬ロバートソンキー	2着
23 年	＋ 29 馬ローシャムパーク	1着
24 年	－ 29 馬アウスヴァール	2着

※ 12 年から継続中。19 年は同騎手の騎乗ナシ。

大野拓弥騎手の±9馬が3着以内
24年は12番人気リカンカブール3着、3連単8万馬券！

15 年	－9馬ヌーヴォレコルト	2着
16 年	＋9馬ゴールドアクター	1着
17 年	－9馬ステファノス	2着
21 年	＋9馬ウインマリリン	1着
24 年	－9馬リカンカブール	3着

※ 18 ～ 20、22、23 年は同騎手の騎乗ナシ。

GII 神戸新聞杯

2025年9月21日　阪神芝2400m（3歳）

正逆 5番 13番

マイルCS	神戸新聞杯

2020年【正4番】1着 ➡ 2021年【逆4番】レッドジェネシス　2着

2021年【正12番】1着 ➡ 2022年【逆12番】ヤマニンゼスト　2着

2022年【逆8番】1着 ➡ 2023年【逆8番】サヴォーナ　2着

2023年【逆1番】1着 ➡ 2024年【正1番】ジューンテイク　2着

2024年【正13番】1着
　　　【逆5番】1着 ➡ **2025年【正逆 5番、13番】**

枠	15 桃8 14	13 橙7 12	11 緑6 10	9 黄5 8	7 青4 6	5 赤3 4	3 黒2 2	白1
馬名	メイショウタバル／ゴールドシップ②勝	インテグレイト／エビファネイア③勝	ショウナンラプンタ／リオンディーズ	トラストボス／ドゥラメンテ未勝	ヴィレム／ボウリナズヴェイル未勝	オールセインツ／エピファネイア①勝	ゴージョニーゴー／サボールアトリックニフ②勝	ジューンテイク／アドマイヤマーズ③勝
	ジャポニカーラ③勝	ファヴォーレブラック③勝	フリアアステカ未勝	ヤマニンステラータ／ヤマニンゼスト②勝	メリオーレム／メリオーラ⑤勝	サブマリーナ／シュヴァルグラン①勝	バッデレイト／ビーウインド未勝	パッデレイト
斤量/性齢	57 牝3 / 57 牡3	57 牡3 / 57 牡3	57 牡3 / 57 牝3	57 牝3 / 57 牝3	57 牡3 / 57 牡3	57 牡3 / 57 牝3	57 牡3 / 57 牡3	57 牡3
厩舎	浜中／石橋 幸	荻野極／西村淳	鮫島駿／北村友	富田／M.デムーロ	松山／川田	坂井／豊	横山和／岩田望	武
賞金	2950 / 5885	900 / 1420	1500 / 2750	1600 / 1350	900 / 1940	1500 / 4870	900 / 1740	3600 / 9690
馬主/生産	松本好雄 三崎牧場	吉田和美 村田牧場	寺田千代乃 ノースヒルズ	国本哲秀 前田幸牧場	土 井 図越分F	G1レーシング 社台F	藤田 晋 飛渡牧場	杉山忠国 ビダカF

2024年 神戸新聞杯	1着⑮メイショウタバル　（2番人気）	馬連 2640円	
	2着①ジューンテイク　（3番人気）	3連複 6000円	
	3着⑪ショウナンラプンタ　（4番人気）	3連単 33790円	

注目サイン！

正逆125番が3着以内
23年は10番人気サヴォーナ2着、馬連4740円

19 年	正 125 番ヴェロックス	2着
20 年	逆 125 番コントレイル	1着
21 年	正 125 番ステラヴェローチェ	1着
22 年	正 125 番ヤマニンゼスト	2着
23 年	逆 125 番サヴォーナ	2着
24 年	逆 125 番ショウナンラプンタ	3着

前走ダービー出走馬が1着継続中
これまた不動のロングラン・セオリー

19 年	サートゥルナーリア	1着
20 年	コントレイル	1着
21 年	ステラヴェローチェ	1着
22 年	ジャスティンパレス	1着
23 年	サトノグランツ	1着
24 年	メイショウタバル	1着

※ 16 年から継続中。

坂井瑠星騎手の±80馬が連対中
20年はワンツー、馬連610円

20 年	－ 80 馬コントレイル	1着
	＋ 80 馬ヴェルトライゼンデ	2着
22 年	＋ 80 馬ジャスティンパレス	1着
23 年	＋ 80 馬サヴォーナ	2着
24 年	－ 80 馬メイショウタバル	1着

3番人気馬か、その隣馬が3着以内
22年は12番人気ヤマニンゼスト2着、馬連3万馬券！

20 年	ヴェルトライゼンテ	自身	2着
21 年	キングストンボーイ	隣馬モンテディオ	3着
22 年	ヴェローナシチー	隣馬ヤマニンゼスト	2着
23 年	サトノグランツ	自身	1着
24 年	ジューンテイク	自身	2着

※ 17 年から継続中。

GⅢ シリウスS

2025年9月27日　阪神ダ2000m（3歳上）

当たり馬番は連動する！

正逆 3番 7番

中山金杯	シリウスS	
2020年【正8番】2着 ➡	2021年【正8番】サンライズホープ	1着
2021年【正9番】1着 ➡	2022年【正9番】ジュンライトボルト	1着
2022年【正8番】1着 ➡	2023年【逆8番】アイコンテーラー	2着
2023年【正2番】2着 ➡	2024年【正2番】オメガギネス	2着
2024年【正3番】1着 　　　【正7番】2着	➡ 2025年【正逆3番、7番】	

2024年 シリウスS	1着①ハギノアレグリアス （5番人気）	馬連 1590 円
	2着②オメガギネス （1番人気）	3連複 47300 円
	3着⑥フタイテンロック （13番人気）	3連単 235160 円

注目サイン！

最短馬名の馬の隣馬が連対中
近2年はハギノアレグリアスが連覇

20 年	ミツバ	隣馬カフェファラオ	1着
21 年	ハヤヤッコ	隣馬ウェスタールンド	2着
22 年	ハピ	隣馬ジュンライトボルト	1着
23 年	キリンジ	隣馬ハギノアレグリアス	1着
24 年	ハピ	隣馬ハギノアレグリアス	1着

岩田望来騎手の±14馬が連対中
22年は4番人気ジュンライトボルト1着、単勝770円

20 年	－ 14 馬サクラアリュール	2着
22 年	＋ 14 馬ジュンライトボルト	1着
23 年	＋ 14 馬ハギノアレグリアス	1着
24 年	－ 14 馬オメガギネス	2着

※ 21 年は同騎手の騎乗ナシ。

前走⑨番ゲート馬か、その隣馬が3着以内
21年は5番人気ウェスタールンド2着、馬連4210円

17 年	ピオネロ	自身	3着
18 年	サンライズソア	自身	3着
19 年	アングライフェン	自身	2着
21 年	ハヤヤッコ	隣馬ウェスタールンド	2着
22 年	ハピ	自身	2着
23 年	サンマルレジェンド	隣馬アイコンテーラー	2着
24 年	ハピ	隣馬ハギノアレグリアス	1着

※ 20 年は該当馬の出走ナシ。

★伊藤雨氷(いとう・うひょ)

　本名／伊藤一樹（いとうかずき）。名古屋市在住。昭和 40 年生まれ。
平成 5 年のオークスの日、悪友に無理やりウインズ名古屋に連れて行かれ
たのが競馬との出会い。当初は教えられた通りに正統派予想で戦っていた
が、あるときから上位人気馬が平然と消えていく日常に疑問を感じ、サイ
ン読み、裏読みに傾倒していく。
「日本の競馬は数字を駆使したシナリオが、あらかじめ決められている」
という確信を得て、平成 7 年にリンク理論を確立。
　独自開発した解析ソフトを用い、多数の高配当的中実績を持つ。本書を
含め 55 冊の著作がある。

ホームページ

■サイン通信

https://signpress02.net/main/

■サイン通信　避難所 （本館が閲覧できない場合はこちらへ）

https://www.kikuya-rental.com/bbs/?owner_name=omake10

ネット会員募集中

　毎週の旬のサインとデータと参考の買い目を、インターネットで配信し
ます。スマホ、タブレット、パソコンなどネットに接続できる環境が必要
です。

ネット会員　8日間 22,000 円　携帯、スマホ、PCをご用意ください。
ソフト会員　8日間 24,200 円（割引あり）PCか携帯で閲覧できます。
ＧＩサイン会員（お得）春季、秋季各 24,200 円（割引あり）
　各会員サービスのサンプルをご用意しております。ご希望の方はメール
で「サンプル希望」としてお送りください。
　ネット会員の方には、各レースの詳しいサインの解説、最新の旬のサイ
ンをお届けします。

ソフト会員の方には、自動サイン読みソフトによる買い目の提供です。

初心者の方には、ネット会員がお薦めです。

詳しくは、下記までメールでお問い合わせください。

Eメール　itou@proof.ocn.ne.jp

〒451－0015　愛知県名古屋市西区香呑町4－65－203

サイン通信　代表　伊藤一樹

読者プレゼントのお知らせ

　旬のサインをプレゼント致します。ご希望の方は下の応募券を切り取り、サイン通信事務所まで封書（ハガキは不可）でお送りください。（誤って出版社に送られても転送できません）。

　住所、氏名、電話番号、メールアドレスを楷書でていねいに大きくお書きください。携帯の方は受信許可設定にしてください。

　メールがない方は遅くなりますが、郵送でも対応致します。郵送希望の方は560円分の切手を同封してください。レターパックライトでお送りします。

　昨今、メールの届かない方、こちらへの郵便が迷子になる方が増えております。メールか郵送、いずれにお申込みの方も、必ず「封筒の外側」に住所、氏名をお書きください。

　1枚の応募券で、メールか郵送のどちらかにのみ応募できます。

　有効期限は4回目の締切日まで。最新刊以外の応募券は無効です。

　締め切りは1回目が25年4月4日。2回目が5月9日、3回目が6月2日、4回目が7月17日の消印有効です。各回の締め切り後、1週間程度でお送りいたします。

　各回、内容が異なります。2回分をご希望の方は2冊分の応募券を、3回分ご希望の方は3冊分、すべてご希望の方は4冊分の応募券をお送りください。対象レースはこちらで選択いたします。

　おまけの発送状況はサイン通信のホームページでお知らせいたします。

　各回の締め切りから10日を過ぎても返信未着の場合は、速やかにメールか封書でお申し出ください。

旬のサイン応募券

リンク馬券術

2025 上半期編

（応募券は 2025 年 7 月 17 日まで有効）

☆データ協力

立山輝	ひで乃助
sugar	ロイズ
いいなみ	さる
小圷知明	

■ 2025 年下半期対応の「リンク馬券術」は 25 年 9 月上旬発売予定です。

●著者紹介

伊藤雨氷（いとう うひょ）

本名／伊藤一樹（いとう・かずき）。名古屋市在住。昭和40年生まれ。平成5年のオークスの日、悪友に無理やりウインズ名古屋に連れて行かれたのが競馬との出会い。当初は教えられた通りに正統派予想で戦っていたが、あるときから上位人気馬が平然と消えていく日常に疑問を感じ、サイン読み、裏読みに傾倒していく。「日本の競馬は数字を駆使したシナリオがあらかじめ決められている」という確信を得て、平成7年にリンク理論を確立。独自開発した解析ソフトを用い、多数の高配当的中実績を持つ。本書を含め55冊の著作がある。

これでフルスイング！
リンク馬券術（ばけんじゅつ）

発行日　2025年3月15日　　　　　　　第1版第1刷

著　者　伊藤　雨氷（いとう　うひょ）

発行者　斉藤　和邦
発行所　株式会社　秀和システム
　　　　〒135 − 0016
　　　　東京都江東区東陽 2−4−2　新宮ビル 2 F
　　　　Tel 03-6264-3105（販売）　Fax 03-6264-3094
印刷所　三松堂印刷株式会社　Printed in Japan

ISBN978-4-7980-7477-1 C0075